# 汽车美容装饰
## 一本通(全彩图解)

陈甲仕 主编

化学工业出版社

·北京·

## 内容简介

本书专门针对汽车美容装饰从业人员实际操作项目编写而成，涵盖汽车美容装饰的方方面面，重点介绍了汽车美容装饰的基础知识和操作技能，内容贴近实际工作场景。本书选取了大量的实物图，易学实用，通俗易懂。

本书可供从事或准备从事汽车美容装饰的广大读者学习使用，也可作为相关汽车院校进行操作培训的辅导用书。

## 图书在版编目（CIP）数据

汽车美容装饰一本通：全彩图解/陈甲仕主编. —北京：化学工业出版社，2021.10（2024.4重印）
ISBN 978-7-122-39507-8

Ⅰ．①汽… Ⅱ．①陈… Ⅲ．①汽车-车辆保养-图解 Ⅳ．①U472-64

中国版本图书馆CIP数据核字（2021）第140521号

---

责任编辑：陈景薇　　　　　　文字编辑：冯国庆
责任校对：宋 玮　　　　　　　装帧设计：韩 飞

出版发行：化学工业出版社
　　　　　（北京市东城区青年湖南街13号　邮政编码100011）
印　　装：涿州市般润文化传播有限公司
710mm×1000mm　1/16　印张11　字数190千字
2024年4月北京第1版第3次印刷

购书咨询：010-64518888　　　　售后服务：010-64518899
网　　址：http://www.cip.com.cn
凡购买本书，如有缺损质量问题，本社销售中心负责调换。

定　　价：68.00元　　　　　　　　　　版权所有　违者必究

# 前 言

随着我国汽车工业的迅猛发展，汽车美容装饰服务行业前景广阔，市场需求越来越大。为此，我们从初学者的角度出发，根据实际的岗位需求，特意编写了本书来满足大家的学习需要。

本书系统全面地介绍了汽车美容装饰技术，是一本适合汽车美容装饰相关的从业者或职业学校师生的操作指导书，内容涵盖汽车美容装饰的方方面面。全书分为八章，共三十五个项目进行阐述，主要覆盖汽车美容装饰工具与设备、汽车美容护理用品、汽车外部美容、汽车内部美容、汽车车身漆面美容、汽车车身装饰、汽车车内装饰、车身电气的安装等，重点介绍了汽车美容装饰的操作技巧和要领。

本书在编写过程中以行业规范为基础，注重理论知识和实操性相结合，充分发挥彩色图解的特色，以全程图解的形式将内容呈现给读者，做到易学实用、通俗易懂，能够学以致用。本书可供从事或准备从事汽车美容装饰的广大读者学习使用，也可作为相关汽车院校进行操作培训的辅导用书。

本书由陈甲仕主编，参加编写的人员还有朱其福、陈柳、黄容。在本书编写过程中，得到了许多汽车美容装饰企业以及广大技师朋友的大力支持和协助，在此表示诚挚的感谢！

由于编者水平有限，书中难免有疏漏之处，恳请广大读者批评指正，以便再版时补充完善。

编 者

# 目录

| 第一章 | 汽车美容装饰工具与设备 | **001** |
|---|---|---|
| | 项目一　汽车美容工具与设备 | 002 |
| | 项目二　汽车装饰工具与设备 | 017 |

| 第二章 | 汽车美容护理用品 | **023** |
|---|---|---|
| | 项目三　汽车清洗系列用品 | 024 |
| | 项目四　汽车护理系列用品 | 030 |
| | 项目五　汽车专业保护系列用品 | 034 |
| | 项目六　其他汽车专业保护剂 | 040 |

| 第三章 | 汽车外部美容 | **047** |
|---|---|---|
| | 项目七　汽车清洗 | 048 |
| | 项目八　漆面附着物的清除 | 055 |
| | 项目九　打蜡上光 | 057 |
| | 项目十　车身镀晶 | 062 |
| | 项目十一　前照灯翻新 | 067 |
| | 项目十二　汽车风窗玻璃裂缝的修补 | 069 |

| 第四章 | **汽车内部美容** | **073** |
|---|---|---|
| | 项目十三　汽车车室美容 | 074 |
| | 项目十四　发动机室美容 | 078 |

| 第五章 | **汽车车身漆面美容** | **081** |
|---|---|---|
| | 项目十五　漆面研磨抛光 | 082 |
| | 项目十六　漆面失光处理 | 086 |
| | 项目十七　漆面划痕处理 | 089 |
| | 项目十八　车身凹陷修复 | 092 |
| | 项目十九　轮毂的修复翻新 | 094 |
| | 项目二十　汽车快速补漆 | 097 |

| 第六章 | **汽车车身装饰** | **101** |
|---|---|---|
| | 项目二十一　车身贴膜 | 102 |
| | 项目二十二　汽车车身改色 | 110 |
| | 项目二十三　风窗玻璃贴膜 | 113 |
| | 项目二十四　大包围的装饰 | 123 |
| | 项目二十五　汽车保险杠的装饰 | 127 |
| | 项目二十六　汽车隔声 | 130 |
| | 项目二十七　底盘装甲 | 133 |

| 第七章 | **汽车车内装饰** | **137** |
|---|---|---|
| | 项目二十八　汽车桃木内饰 | 138 |
| | 项目二十九　座椅的改装 | 141 |
| | 项目三十　手缝转向盘套 | 145 |

| 第八章 | 车身电气的安装 | **149** |
|---|---|---|
| | 项目三十一　安装倒车雷达 | 150 |
| | 项目三十二　安装氙气灯 | 154 |
| | 项目三十三　汽车功放的加装 | 158 |
| | 项目三十四　安装行车记录仪 | 162 |
| | 项目三十五　安装高音喇叭 | 164 |

**参考文献**　　　　　　　　　　　　　　　　　**169**

chapter
one

| 第一章 |

# 汽车美容装饰工具与设备

# 项目一

# 汽车美容工具与设备

## 汽车美容工具

### 1. 汽车清洗工具

① 抹布（图1-1） 用于清洗汽车污渍及灰尘。

图1-1　抹布

② 毛刷（图1-2） 用于清洁灰尘和涂刷修补漆。

图1-2　毛刷

③ 洗车手套（图1-3） 便于擦洗车身，以免车身上毛刺伤到手。

图1-3　洗车手套

# 第一章 汽车美容装饰
## 工具与设备

**4** 洗车海绵（图1-4） 用于泡沫洗车过程中擦洗车身。

图1-4 洗车海绵

**5** 喷水壶（图1-5） 用于喷雾水或清洁剂清洁汽车内室、绒毛座椅等表面杂质。

图1-5 喷水壶

**6** 砂纸（图1-6） 擦拭车窗玻璃顽固污物或除锈等。

图1-6 砂纸

**7** 洗车防水围裙（1-7） 使用洗车防水围裙便于美容技师洗车操作。

图1-7 洗车防水围裙

8　水鞋（图1-8）　穿上水鞋便于美容技师洗车操作。

图1-8　水鞋

## 2. 喷涂遮蔽用品

1　纸胶带（图1-9）　纸胶带起到遮蔽作用，用于临时粘贴。

图1-9　纸胶带

2　遮蔽纸（图1-10）　用于喷漆时遮蔽挡油漆及室内装潢用，起到防护作用。

图1-10　遮蔽纸

## 3. 打蜡抛光工具

1　羊毛抛光盘（图1-11）　羊毛抛光盘具有优异的抛磨和耐温性能，配合粗蜡用于油漆的粗抛作业，快速高效去除砂纸磨痕、油漆表面颗粒、氧化层和涡旋痕，并形成光亮效果。

图1-11　羊毛抛光盘

第一章 汽车美容装饰
**工具与设备**

**2** 海绵抛光盘（图1-12） 海绵抛光盘具有韧性好，耐磨性极强的特点，配合抛光剂应用。使用海绵抛光盘的抛光机，抛光机的转速建议不超过1800r/min。

图1-12 海绵抛光盘

**3** 全棉打蜡盘套（图1-13） 全棉打蜡盘套的作用是把蜡均匀地涂覆到车身上。使用时应选择针织密集的、线绒较多的、具有柔软感的盘套。因为越柔软就越能减少发丝划痕，也能把蜡的光泽和深度抛出来。此外，还应注意不能反复使用全棉打蜡盘套，应一辆车更换一个新的全棉打蜡盘套。

图1-13 全棉打蜡盘套

**4** 打蜡海绵（图1-14） 打蜡海绵也可以称为清洁膏海绵，其作用是用于汽车打蜡。使用时先用海绵蘸蜡，均匀涂抹，晾至半干（约20min），再用干毛巾抛光。

图1-14 打蜡海绵

**5** 无纺毛巾（图1-15） 无纺毛巾吸湿性好，是汽车美容必备的用品。

图1-15 无纺毛巾

**6** 毛巾（图1-16） 毛巾有极强的去污和吸水性能。对被擦车身无丝毫损伤，不会产生棉织物常见的纤维脱落现象。

图1-16 毛巾

### 4. 涂装工具

**1** 喷枪

1）工作原理 喷枪是指利用空气压力将液体转化为液滴的喷涂工具。喷枪工作过程称为雾化过程，它能使涂料（漆）成为可喷涂的细小且均匀的液滴。当这些小液滴被以正确的方式喷上汽车表面后，就会结合并形成一层厚度极薄的像镜子一样平整的膜。

2）使用方法 喷枪的喷涂过程如图1-17所示。具体操作方法如下。

① 喷枪与工件表面的角度。喷枪与工作表面必须保持垂直，绝对不可由手腕或手肘做弧形的摆动。

② 喷枪的移动速度。喷枪的移动速度与涂料干燥速度、环境温度、涂料的黏度有关，约以30cm/s的速度匀速移动。

③ 喷涂压力。正确的喷涂气压与涂料的种类、稀释剂的种类、稀释后黏度有关，一般调节气压为350～500kPa，或进行试喷而定。

图1-17 喷枪的喷涂过程

④ 喷枪扳机的控制。扳机扣得越紧,液体流速越大。传统走枪,扳机总是扣死,而不是半扣。为了避免每次走枪行程将结束时所喷出的涂料堆积,有经验的漆工都要略略放松一点扳机,以减少供漆量。

⑤ 喷涂路线的规则。喷涂路线应从高到低、从左到右、从上到下、先里后外顺序进行。在行程终点关闭喷枪,喷枪第二次单方向移动的行程与第一次相反,喷嘴与第一次行程的边缘平齐,雾型的上半部与第一次雾型的下半部重叠,重叠幅度应第二层与上一层重叠1/3或1/2。

### 3)注意事项

① 要确保涂料黏度合适,如果涂料黏度过大,则喷枪的出料量少,且涂料的雾化性差;涂料黏度过小,喷枪的出料量大(固体分量低),容易产生流挂及遮盖力、附着力差等涂膜缺陷。

② 要控制好喷枪的气压,因为喷枪端的空气压力将直接影响到涂料的雾化性能、喷枪的出料量及喷幅大小等。如果压力大,则容易产生过度雾化和过度喷涂;如果压力过小,则会使涂料雾化差、喷幅小且喷幅中心过厚等。为了保证喷涂压力稳定或在很小的范围内变化,可在软管与喷枪的连接处加装一个气压表。

**2　调油漆辅助工具**　汽车油漆的调配过程中,要使用调漆杯、调漆尺等辅助工具,如图1-18所示。

① 调漆杯用于调配油漆,主要选用抗溶剂性很强的塑料制成。

② 调漆尺也称为调漆比例尺,用于调配油漆比例用,根据不同的比例选用不同比例的调漆尺。

图1-18　调漆杯和调漆尺

**3　安全防毒面具**

1)安全防毒面具的原理　安全防毒面具(图1-19)指采用过滤方法,将空气中的某些有毒有害物质去除后用于呼吸的一类防护用品,其构成主要分面具部分和过滤元件部分,有些产品还用呼吸管连接面具和过滤元件。

图1-19　安全防毒面具

**2）使用方法**

① 将安全防毒面具盖住口鼻，然后将头带框套拉至头顶。

② 用双手将下面的头带拉向颈后，然后扣住。

③ 对于风干的安全防毒面具，请仔细检查连接部位及呼气阀、吸气阀的密合性，并将面具放于洁净的地方以便下次使用。

④ 清洗时请不要用有机溶液清洗剂进行清洗，否则会降低使用效果。

**3）注意事项**

① 佩戴时如闻到毒气微弱气味，应立即离开有毒区域。

② 不能在氧气浓度低于17%的环境使用。

③ 每次使用后应将滤毒罐上部的螺母盖拧上，并塞上橡胶塞后储存，以免内部受潮。

④ 滤毒罐应储存于干燥、清洁、空气流通的库房环境，严防潮湿、过热，有效期为5年，超过5年应重新鉴定。

## 汽车美容设备

### 1. 空气压缩机

空气压缩机在汽车美容装饰中是必不可少的设备，因为大部分设备是利用压缩空气来推动的，如喷枪的喷涂、打蜡机的打蜡、打磨机的研磨等无不使用压缩空气，所以空气压缩机的保养及应用甚为重要。空气压缩机房如图1-20所示。

图1-20 空气压缩机房

**1 操作方法**

1）开机前检查
① 检查确认各部位的阀门是否在正确位置。
② 检查一切防护装置和安全附件是否处于完好状态。
③ 检查润滑油面是否符合标准。
④ 检查电压、电流是否正常。

2）开机操作　按下空气压缩机"启动"按钮，此时应注意听空气压缩机声音是否正常；空气压缩机压力表的上升情况；空气压缩机机油的观察孔是否上油；空气压缩机的安全阀和储气罐的安全阀是否正常工作等。若发现异常应立即停机检查；若无异常，此时应慢慢打开空气压缩机的进气阀使其正常工作。

3）关机操作
① 关空气压缩机的进气阀。
② 按"停止"按钮停机。
③ 打开储气罐的泄压阀让冷却器和储气罐内的油水及存气排干净。
④ 重新关闭泄压阀。

**2 保养**

① 每天将空气压缩机周围的油污清理掉，同时放去储气罐内的积水。
② 每周清洗空气过滤器，检查压缩机的润滑油。

**3 注意事项**

① 切勿将压缩空气气流指向任何人的身体各部位。
② 使用压缩空气进行清理时，必须戴上防护眼罩，若有尘埃时应使用呼吸口罩。
③ 检查输送压缩空气的管线，确定没有任何割伤、裂口或擦伤时才能通气。

## 2. 高压洗车机

高压洗车机的种类繁多，按其使用的功能不同，可分为普通洗车机及冷热洗车机，但其所起的主要作用及功效基本一致。高压洗车机如图1-21所示。

**1 工作原理**　高压洗车机是利用工作泵内活塞的上下运动，而使吸进来的低压水变成高压水，从而变得较容易将车体表面的泥沙、灰尘、污垢等去掉。

**2 使用方法** 接好进出水管，插上电源（有220V的，也有380V的）。按下电源启动开关，打开进水开关向泵内注水，排去泵内的空气（约几秒钟），等喷出的水有压力后，就可进行正常的洗车程序。

**3 注意事项**

① 供水一定要干净，无杂质。
② 进水管下一定要安装过滤网，以免杂质进入泵内。
③ 洗车停顿或结束时，一定要及时关闭电源，以避免让工作泵空转而加速其内部磨损。

图1-21　高压洗车机

### 3. 泡沫洗车机

泡沫洗车机利用空气压缩机输送过来的高压气体，将机内的洗车液同水充分搅拌混合，使喷到汽车上的泡沫多而丰富。泡沫洗车机如图1-22所示。

**1 使用方法** 打开泡沫洗车机进气阀及泄气阀，加入洗车液约400mL，灌满水，关闭阀门，接通空气压缩机进气管，打开进气开关，等泡沫压力表显示达250kPa以上后，就可使用该机向汽车喷射泡沫。

**2 注意事项** 每天下班停止工作时，必须将罐内的压力泄放干净，以免罐内的压力过大导致气管及接头损坏。

图1-22　泡沫洗车机

## 4. 高压水枪

**1** 使用方法　在进行清洗作业时，应采用正确的姿态：一只手握紧高压水枪的手柄，另一只手握住高压水管，扣动扳机时要注意水喷出时高压水枪会产生一定的反冲力和对手柄的旋转力矩，操作时注意力要集中。高压水枪如图1-23所示。

图1-23　高压水枪

**2** 注意事项

① 用束状强力喷流进行清洗作业时，水枪头和被清洁面的距离不宜太近，以免因压力过高而导致被清洗物体损坏。

② 不要把手放在水枪的前端，以免造成伤害。

## 5. 高压气枪

**1** 使用方法

将压缩空气快速连接阀连接到高压气枪连接端上，然后通过扣动扳机来控制压缩空气流量大小，将灰尘吹掉。高压气枪如图1-24所示。

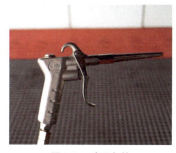

图1-24　高压气枪

**2** 注意事项

① 用束状强力喷气时，气枪头和被清洁面的距离不宜太近，以免因压力过高而导致被清洗物体损坏。

② 不要把手放在气枪的前端，以免造成伤害。

## 6. 抛光机

抛光机（图1-25）利用海绵盘的高速运转与车体漆面摩擦产生热能，再同抛光剂一起使用，从而有效地消除漆面划痕及污点等。

图1-25　抛光机

### 1 使用方法

① 操作人员首先将电源线连接到插座上,开关定在"关"位置。

② 研磨/抛光时打开电源开关,然后按规定的转速进行调整,接着将抛光机平放于漆面,均衡地向下施加压力进行抛光作业。施加压力的大小由操作人员根据抛光漆面程度来灵活确定。

### 2 注意事项

未经过专业培训的人员,严禁使用抛光机。经过培训的专业人员,也必须熟练以后才可上岗操作。刚开机使用时,抛光机的转速不可调得太快,力度不可太大,必须先在不显眼处试抛一下漆面,确保正常后方可对全车进行抛光作业。

## 7. 打蜡机

打蜡机(图1-26)也称为轨道抛光机,这种机器是沿椭圆形的轨道旋转,其光盘直径比抛光机要大,机体比抛光机要轻许多,而且它的双手扶把紧贴机盘的中心立轴。

图1-26 打蜡机

### 1 使用方法

1)使用打蜡盘套 将液体蜡摇匀转一圈倒在蜡盘上,每次按0.5$m^2$的面积抹匀,直至全车打完。

2)不使用打蜡盘套 用海绵或毛巾蘸蜡少许,每次按0.5$m^2$的面积涂匀,直至全车打完。待蜡凝固时(大约几分钟)将抛蜡盘套装上,确认丝绒中无杂质,先开机,然后轻放在车体上,做横向(或竖向)的覆盖式抛光,直到漆面光泽令人满意为止。

### 2 注意事项

打蜡机必须同盘套配合使用,其盘套有以下两种。

1)打蜡盘套 一种衬有皮革底(防渗)的毛巾套,其作用是将蜡均匀地涂抹在车体上。

2)抛蜡盘套 用于蜡面的抛光。抛蜡盘套的材料有三种:第一种是全棉的(毛巾套);第二种是全毛的(或混纺);第三种是海绵制成的。目前最广泛使用的是全棉(毛巾套)盘套。

## 8. 封釉振抛机

封釉振抛机（图1-27）是封釉的专用电动工具，主要通过振抛机的高频振动与快速转动，与漆面摩擦产生热量，使漆面局部产生一定程度的扩张，使釉剂通过振动均匀地挤压渗透到漆面中，并在漆面上形成一层极薄的保护膜，以有效地保护和美化漆面。

图1-27　封釉振抛机

**1 使用方法**　封釉振抛机一般采用吸盘式封釉波纹海绵轮与封釉振抛机的托盘相连，确认海绵轮的绒线中无杂质后再开机。最后将封釉振抛机盘套轻放在车身上，让封釉振抛机在横向与竖向进行覆盖式封釉，直至车漆亮泽，令人满意为止。

**2 注意事项**

① 使用时将手柄调到合适位置。
② 插上电源插头，按下启动开关开动封釉振抛机。
③ 使用完毕，按下关闭开关，拔下电源插头。

## 9. 高温蒸汽清洗机

**1 工作原理**　高温蒸汽清洗机是利用电能加热，使机内的水变成高温高压的蒸汽，喷射到车室内各个部位，从而达到有效杀菌消毒的目的。高温蒸汽清洗机如图1-28所示。

**2 使用方法**　开启电源，加热约10min，等机内水变成蒸汽且有一定的压力后就可使用，主要喷射到玻璃、仪表、座位坐垫、地毯、顶棚等处，特别是对车内较隐蔽的部位一定要用高温蒸汽清洗机进行全面彻底的清洗。

**3 注意事项**　在用高温蒸汽清洗机清洗仪表等部位时，特别注意不要让蒸汽喷射到室内收音机、DVD机及控制面板等电器部位，以免造成损坏。

图1-28　高温蒸汽清洗机

### 10. 吸尘机

**1 工作原理** 吸尘机主要是利用内部电机的快速转动,带动工作泵加速气管内空气的流动速度,逐渐形成真空,从而达到吸尘、吹干的目的。吸尘机如图1-29所示。

**2 使用方法**

① 安装好外接头(吸尘和吹干有不同的接头口)。
② 启动电源开关。
③ 手持外接风管,进行全车吸尘或吹风工作。

图1-29 吸尘机

**3 注意事项** 要经常清理吸尘机的过滤网,及时将杂物箱内的垃圾倒掉,外表需经常擦洗,随时保持干净、洁亮。

### 11. 地毯脱水机

**1 工作原理** 地毯脱水机是利用电机带动离心泵,靠其离心作用把地板垫、毛巾、海绵等上面的水分及污物甩干净。地毯脱水机如图1-30所示。

**2 使用方法** 将地板垫等物卷成圈,放到脱水机内,启动电源开关。

**3 注意事项** 必须将地板垫均匀放置在脱水机内,使之重心平衡,且一次甩干的物体不可太重,以免损坏电机。

图1-30 地毯脱水机

### 12. 电脑自动洗车机

**1 工作原理** 电脑自动洗车机通过光电系统检测,经电脑分析计算出各种动作的最佳位置和力度,达到最佳的洗车效果。

**2　使用方法**　电脑自动洗车机种类不同，它的使用方法有所差异，具体可以参照使用说明书。

① 指挥车辆驶入电脑自动洗车机工位内，并根据提示牌提示做好车辆外部件的处理工作（图1-31）。此外车辆进入轨道前，应检查车辆雨刮、天线、后视镜是否正常，车门及车窗是否关闭；车身漆面有无明显划痕；有无其他松动、脱落部件等。

② 将总电源开关打开，查看显示灯，确认供电正常；接着再打开面板供电钥匙开关，全部项目应显示正常；最后确定水、电、气一切正常后即可进行清洗。

图1-31　电脑自动洗车机

**3　注意事项**

① 清洗时泡沫蜡不可与其他强碱性清洗剂混用，以免效果不佳。

② 泡沫蜡配比比例不宜太高，否则泡沫太丰富不宜清洗。

③ 操作电脑自动洗车机之前确定检查及其周围有无障碍物，确定在洗车范围内没有任何人或杂物，着重检查输送带无任何物件。

④ 在自动洗车程序进行中，操作人员严禁擅自离开操作岗位，随时做好对突发状况的应变准备，给予相应的处理措施。

### 13. 汽车臭氧消毒机

**1 工作原理** 汽车臭氧消毒机主要是将臭氧电源和陶瓷片置于内置式空调箱或不锈钢箱体内，通过臭氧电源的内部升压激化陶瓷片放电，利用空调箱内的循环风扇将臭氧不断送出，从而将臭氧不断释放到空气中消毒。汽车臭氧消毒机如图1-32所示。

图1-32　汽车臭氧消毒机

**2 使用方法** 一般的操作方法如下。

① 将汽车臭氧消毒机放置在平稳、散热良好的位置。

② 接通电源，电压表显示当前电压。将定时开关调节到汽车室内相对应的消毒时间（建议0.5h一次消毒）。

③ 打开臭氧开关，设定臭氧发生器的工作时间，用软管输送臭氧到汽车室内。

④ 达到设定的消毒时间后，臭氧发生器将自动停止工作。

**3 注意事项**

① 维护、保养必须在无电、无压力的情况下进行。

② 定期检查电气线路的绝缘情况，并且确保输送臭氧的软管无泄漏。

③ 汽车臭氧消毒机连续工作时间不能超过4h。

④ 切勿堵塞或覆盖汽车臭氧消毒机通风口。

# 项目二

## 汽车装饰工具与设备

### 汽车装饰工具

#### 1. 贴膜工具

**1** 刮刀（图1-33） 刮刀用于清理玻璃表面的污垢，限于用不锈钢刀片，避免刮伤玻璃。

图1-33　刮刀

**2** 塑料刮板（图1-34） 塑料刮板也称多用途刮板，用于贴玻璃窗膜。此类刮板规格不一，采用进口PVC材料制作，小刮板主要用于车窗两侧贴膜及车贴，中刮板和大刮板主要用于前后挡风玻璃贴膜。

图1-34　塑料刮板

**3** 剪刀（图1-35） 剪刀主要用于预定形前剪去多余的膜边部分。

图1-35　剪刀

**4** 美容刀（图1-36） 美容刀主要用于车窗玻璃膜或车身贴膜的开料、定型时的裁切。

图1-36 美容刀

**5** 热风枪

1）工作原理 热风枪（图1-37）主要是利用发热电阻丝的枪芯吹出的热风来给塑料或贴膜加热，有时也用来烘干。

图1-37 热风枪

2）使用方法

① 热风枪启动时先接通电源，将开关扳到"低段"或"高段"听到"嗡嗡"声后表示电动机工作正常。

② 调整好热风枪的温度和气流后进行加热。

③ 停止使用时，应把开关扳至"0"位置，并将热风枪朝上直立于平面上，使其自然冷却。

④ 如果在使用中电动机不转动，应立即把开关扳到"0"的位置，并将电源插头拔出，然后将出此故障的热风枪送销售点或生产商修理。

3）注意事项

① 热风枪与垂直加热面，距离要适中。

② 加热结束时，应及时关闭热风枪电源，以免手柄处于高温状态，缩短使用寿命。

③ 热风枪使用时或刚使用过后，不要去碰触喷嘴；热风枪的把手必须保持干燥、干净且远离油品或煤气。

④ 热风枪要完全冷却后才能存放。

⑤ 不可直接将热风对着人或动物。

## 2. 其他装饰辅助工具

**1** 铲刀（图1-38） 汽车漆面锈蚀比较严重时，需要用铲刀将旧漆层铲除。

图1-38 铲刀

第一章 汽车美容装饰
**工具与设备**

**2　剥线钳**（图1-39）　剥线钳由刀口、压线口和钳柄组成。剥线钳的钳柄上套有额定工作电压500V的绝缘套管。剥线钳适宜用于塑料、橡胶绝缘电线、电缆芯线的剥皮。使用时将待剥皮的线头置于钳头的刃口中，用手将两钳柄一捏，然后一松，绝缘皮便与芯线脱开。

图1-39　剥线钳

**3　汽车卡扣拆卸工具**（图1-40）　汽车卡扣拆卸工具可以拆卸叶子板卡扣、车门板卡扣、后备厢卡扣、A柱卡扣、B柱卡扣等。

图1-40　汽车卡扣拆卸工具

**4　自锁式尼龙扎带**（图1-41）　自锁式尼龙扎带，也称作绑带、扎丝等，主要用来整理相关线束等，让走线清晰、整洁。

图1-41　自锁式尼龙扎带

**5　手提电钻**

1）工作原理　手提电钻是钻孔用的专用工具（图1-42），它是电磁旋转式小容量电动机，通过传动机构驱动作业装置进行工作，从而使钻头刮削物体表面以达到钻孔的目的。

图1-42　手提电钻

2）使用方法　手提电钻的具体操作方法如下。

① 在材料上钻孔应首先在被钻位置处冲打上标记。

② 在钻较大孔眼时，预先用小钻头钻穿，然后再使用大钻头钻孔。

③ 如需长时间在金属上进行钻孔时可采取一定的冷却措施，以保持钻头的锋利。

④ 钻孔时产生的钻屑严禁用手直接清理，应用专用工具清理。

3）注意事项

① 使用电钻时要做好个人防护及安全措施。

② 确认现场所接电源与电钻铭牌是否相符，是否接有漏电保护器。

③ 钻头与夹持器应适配，并妥善安装。

④ 若工作场所远离电源的地点，需延伸线缆时，应使用容量足够、安装合格的延伸线缆。延伸线缆如通过人行过道，应采取高架方式或做好防止线缆被碾压损坏的措施。

## ◆ 汽车装饰设备 ◆

### 1. 汽车座套缝纫机

汽车座套缝纫机（图1-43）根据材质不同选用不同机型。中薄布料用普通平缝机；厚布料用厚料平缝机；皮革及有内衬的需要用同步缝纫机。

图1-43　汽车座套缝纫机

### 2. 底盘装甲安全防护衣

底盘装甲安全防护衣（图1-44）是有害物质的一重屏障，它能有效隔绝有害物质与喷漆工人的身体接触。

图1-44　底盘装甲安全防护衣

### 3. 底盘装甲专用喷枪

在汽车美容中，进行底盘装甲时使用的底盘装甲专用喷枪（图1-45）与车身喷漆用的喷枪结构不一样，底盘装甲专用喷枪结构比较简单。

图1-45　底盘装甲专用喷枪

### 4. 砂轮机

**1** **工作原理**　砂轮机主要是通过电动机带动砂轮旋转来工作，它是一种由砂轮、手柄、外壳等构成，用于去除多余铁锈等为目的的常用普通打磨工具（图1-46），它广泛运用在各工业领域。

图1-46　砂轮机使用

### 2　使用方法

① 应根据要加工器件的材质和加工进度要求，选择砂轮的粗细。较软的金属材料，例如铜和铝，应使用较粗的砂轮，加工精度要求较高的器件，要使用较细的砂轮。

② 根据要加工的形状，选择相适应的砂轮面。

③ 所用砂轮不得有裂痕、缺损等缺陷或伤残，安装一定要稳固。在使用过程中也应时刻注意，一旦发现砂轮有裂痕、缺损等缺陷或伤残，立刻停止使用并更换新品；如果发现砂轮有松动，应立刻停机紧固。

④ 磨削时，操作人员应戴防护眼镜和手套，以防止飞溅的金属屑和沙粒对人体造成伤害。

⑤ 施加在被磨削器件上的压力应适当，过大将产生过热而使加工面退火，严重时将不能使用，同时导致砂轮寿命过快降低。

### 3　注意事项

① 砂轮安装前应对其进行检查，看看否有裂纹，并用木槌敲击砂轮，听听是否有不正常响声，如果有，则该砂轮不能使用，以免发生砂轮破裂而造成伤人后果。

② 由于砂轮质脆易碎，请不要让其受撞击、碰撞，更不能坠落。存放时应防冻、防潮，室内保持阴凉通风，放置平坦，叠放整齐，注意防尘，保持未使用砂轮清洁，不可重压。

③ 砂轮安装时，必须找正砂轮中心，同时应该用法兰盘紧固，装上法兰盘以后应检验砂轮外圆否与主轴同心，砂轮至少有一个侧面对主轴中心线垂直。

④ 安装砂轮后，为了安全起见，请务必装妥合格的保护外罩，然后再启动砂轮机使用。

⑤ 修整砂轮时应该用专门的修整工具，并且操作人员须戴防护眼镜。

chapter
two

第二章

# 汽车美容护理用品

# 项目三

## 汽车清洗系列用品

### 理论知识

| 1. 清洗用品的作用 | | |
|---|---|---|
| | （1）实现快速高效清洗 | 清洗用品去污力强，可提高清洗速度，还具备清洗与护理两种功效，提高清洗效率 |
| | （2）确保清洗质量 | 清洗用品不仅可清洗掉各种污渍，而且不伤漆面，对漆面具有保护作用 |
| | （3）节省清洗费用 | 用清洗剂除污，可减少溶剂油的消耗 |
| | （4）有利于保护环境 | 采用环保型清洁剂洗车，减少对环境的污染 |

| 2. 污垢的种类 | | |
|---|---|---|
| | （1）水溶性污垢 | 水溶性污垢包括泥土、沙粒和灰尘等。可用水轻易冲洗掉 |
| | （2）水不溶性污垢 | 水不溶性污垢主要包括炭烟、矿物油、油脂、胶质物、铁锈、废气凝结物等，必须以清洗剂清洗 |

| 3. 清洗用品的除垢过程 | | |
|---|---|---|
| | （1）润湿 | 当汽车清洗用品与汽车表面上的污垢质点接触后，由于清洗剂溶液对污垢质点有很强的润湿力，深入污垢聚集体的细小空隙中，使污垢润湿松动 |
| | （2）吸附 | 清洗用品能将污垢质点的静电进行吸附，有效防止污垢再沉积 |
| | （3）溶解 | 使污垢溶解在清洗剂溶液中 |
| | （4）悬浮 | 清洗用品中含有表面活性物质，在清洗过程中能使固体污垢形成悬浮液，然后将其冲洗干净 |
| | （5）去污 | 用高压水枪将汽车表面的悬浮污垢冲干净，达到去污目的 |

## 用品种类

### 1. 汽车清洗养护用品

[1] 不脱蜡洗车液（图2-1） 也称汽车香波或洗车液，它能有效地去除车身漆面的油污和尘垢之类污物。它呈中性，具有很强的分解去污能力，具有不破坏蜡膜，不腐蚀漆面，泡沫丰富，使用方便的特点。

图2-1 不脱蜡洗车液

[2] 脱蜡洗车液（图2-2） 应用于汽车脱蜡洗车。它具有较强的油垢溶解功能，能把以前的蜡洗掉及将新车的封蜡清洗干净，是汽车开蜡首选产品。

图2-2 脱蜡洗车液

[3] 电脑洗车超级泡沫蜡（图2-3） 丰富细腻，有极好的清洁效果和润滑作用，pH为中性，不伤车漆，富含生物酶，能有效降解洗车污水中有害物质生成。

图2-3 电脑洗车超级泡沫蜡

4. 增光洗车液（图2-4） 一种带蜡洗车液，它具有洗车、上光及保护于一身的作用。它能够产生丰富的泡沫，使用后能在车漆表面形成一层高透明的蜡质保持膜，令漆面光洁亮丽。

图2-4 增光洗车液

## 2. 发动机清洗养护用品

1. 发动机外部清洗剂（图2-5） 极强的去油功能，能快速乳化分解去除油污，对机体没有腐蚀作用，且水溶性好，可以完全溶解油污，易用水冲洗，不留残留物。

图2-5 发动机外部清洗剂

2. 燃油系统清洗剂（图2-6） 能够彻底清除喷油嘴、进气阀、燃烧室、活塞顶部等处积炭和胶质，消除发动机怠速不稳、加速不良、无力等现象。

图2-6 燃油系统清洗剂

**3** 发动机润滑系统清洁剂　主要是将发动机润滑系统清洁剂（图2-7）添加到发动机机油中，然后让其怠速运转10min左右。最后将发动机机油及油泥排干净后添加新的发动机机油。

图2-7　发动机润滑系统清洁剂

**4** 燃油系统强力清洗保护剂（图2-8）　主要是添加到燃油箱中，对运行中的车辆进行全方位清洗，去除燃油系统积炭。

图2-8　燃油系统强力清洗保护剂

**5** 散热器清洗剂（图2-9） 也称水箱清洗剂，可以有效去除冷却系统中的油脂、胶质层，散热器、缸套以及管道中的水垢和锈蚀。清洗后能提高发动机的散热效果，起到预防发动机过热的作用。

图2-9 散热器清洗剂

### 3. 汽车内室清洗剂

**1** 泡沫清洗剂（图2-10） 具有极强的渗透力和去污力，用于车内整体或局部的清洁，如座椅、仪表板、顶棚、车门饰板等，且具有芳香、安全和无毒等特点。

图2-10 泡沫清洗剂

**2** 车内清洁香波（图2-11） 有极强的渗透性能和去污能力，它可方便地进行车内纤维及仪表等的清洁。

图2-11 车内清洁香波

**3** 多功能去污护理膏（图2-12） 用于塑料及橡胶制品的清洁与护理，清除污垢的同时能在橡胶制品的表面形成一层保护层，具有翻新效果。

图2-12 多功能去污护理膏

**4** 多功能清洗剂（图2-13） 去污力强,主要是去除汽车室内的油脂、污垢等顽固性污渍。

图2-13 多功能清洗剂

# 项目四

## 汽车护理系列用品

### 理论知识

| 1.汽车蜡的作用 | | |
|---|---|---|
| | （1）防水作用 | 车蜡能在大气与车身漆面之间形成一层保护膜，将车漆与水蒸气有效地隔离，起到一种"防水"作用 |
| | （2）抗高温作用 | 车蜡能够对来自不同方向的入射光产生有效反射，防止入射光线穿透漆膜，从而延长漆面的使用寿命 |
| | （3）防止产生静电 | 车蜡能够隔断空气、尘埃与车身漆面的摩擦，有效防止车身静电的产生，还可大大降低带电尘埃对车身的附着 |
| | （4）防紫外线作用 | 车蜡能够防止紫外线折射进入车身漆面，有效降低对车身漆面的侵害 |
| | （5）上光作用 | 车蜡能够改善漆面的光洁程度，使车身恢复亮丽而有光泽 |
| | （6）研磨抛光作用 | 当漆面出现浅划痕时，可使用研磨抛光车蜡进行抛光，使车身划痕消除 |
| | （7）防氧化作用 | 车蜡能在大气与车身漆面之间形成一层防氧化膜，将车漆与大气有效地隔离，起到防氧化作用。 |

| 2.汽车蜡的分类 | | | |
|---|---|---|---|
| | （1）按其物理状态分 | 1）液体蜡 | 使用方便，操作简单 |
| | | 2）固体蜡 | 用于手工操作 |
| | （2）按其功能分 | 1）上光保护蜡 | 有无色上光蜡和有色上光蜡，无色上光蜡用于漆面状况极好的车，主要起增光作用；有色上光蜡主要以增色为主 |
| | | 2）抛光研磨蜡 | 用于汽车漆面浅划痕处理及漆膜的磨平作业，以清除划痕、橘纹及填平细小针孔等 |
| | （3）按其生产国别分 | | 分为国产蜡、进口蜡 |
| | （4）按其作用分 | | 分为防水蜡、防高温蜡、防静电蜡及防紫外线蜡等多种 |

## 用品种类

**1** 天然棕榈蜡（图2-14） 有效清除漆面上的污垢和细小划痕，并形成一层水晶般光亮、持久的保护膜，恢复至新车的光泽。

图2-14 天然棕榈蜡

**2** 研磨蜡（图2-15） 采用高级进口合成蜡和特殊研磨剂制成，通过强力的研磨微粒作用，可轻松地去除车体表面上的氧化膜、划痕、锈斑和顽固污垢，使车身表面恢复原有的光滑与色彩。

图2-15 研磨蜡

**3** 上光养护蜡（图2-16） 内含特种树脂，能在车体表面形成坚固的特殊保护膜，抵御酸雨、紫外线及其他污染物的侵蚀，防止漆面老化，让车漆光泽持久靓丽。主要适合深色新车，不含抛光剂和研磨材料。

图2-16 上光养护蜡

**4** 高级固蜡（图2-17） 内含特种树脂，能在车体表面形成坚固的特殊蜡保护层，防止汽车漆面划伤及老化，具有卓越的上光性及不沾水性。适用于深色汽车漆面。

图2-17 高级固蜡

5　高级划痕修复蜡（图2-18）　由特殊研磨剂制成，可去除车体表面上顽固污垢及氧化层、划痕、锈斑等。

图2-18　高级划痕修复蜡

6　金装水晶蜡王（图2-19）　采用新一代全合成蜡、含氟聚合物和纳米抗紫外线技术，能给车漆带来丰富色感及清澈艳丽的光泽，其光泽持久性强。

图2-19　金装水晶蜡王

7　抛光蜡（图2-20）　可降解研磨颗粒，可以迅速去除2000号以上砂纸痕，并且不留旋纹。抛光后漆面亮度高，耐水洗，适合汽车漆面打蜡前的抛光还原处理。抛光蜡类型主要包含粗蜡、中蜡及细蜡。

图2-20　抛光蜡

8　封釉蜡（图2-21）　能够深度润泽漆面，让车色更艳丽，长时间保护，效果特别持久。使用时将封釉蜡涂于车漆上，稍干后画圈擦拭，直至封釉蜡均匀覆盖在车体表面。

图2-21　封釉蜡

## 第二章 汽车美容
**护理用品**

**9** 硅蜡(图2-22) 可作抛光蜡,起防水、光亮等作用。

图2-22 硅蜡

**10** 色蜡(图2-23) 属于抛光蜡,具有去污、防高温、防紫外线、护色、修复划痕及防磨损的作用。

图2-23 色蜡

# 项目五

# 汽车专业保护系列用品

## 理论知识

汽车专业保护系列用品是一种能够起到增亮、抗磨、抗老化等保护作用的用品。主要用于皮革（包括人造革）、塑料、橡胶、化纤等材质的表面，对仪表板、保险杠、汽车座椅、车窗密封条、轮胎及电镀件等具有良好的保护作用。

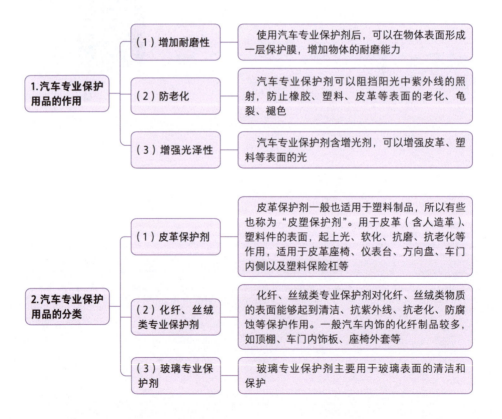

1. 汽车专业保护用品的作用
   - （1）增加耐磨性：使用汽车专业保护剂后，可以在物体表面形成一层保护膜，增加物体的耐磨能力
   - （2）防老化：汽车专业保护剂可以阻挡阳光中紫外线的照射，防止橡胶、塑料、皮革等表面的老化、龟裂、褪色
   - （3）增强光泽性：汽车专业保护剂含增光剂，可以增强皮革、塑料等表面的光

2. 汽车专业保护用品的分类
   - （1）皮革保护剂：皮革保护剂一般也适用于塑料制品，所以有些也称为"皮塑保护剂"。用于皮革（含人造革）、塑料件的表面，起上光、软化、抗磨、抗老化等作用，适用于皮革座椅、仪表台、方向盘、车门内侧以及塑料保险杠等
   - （2）化纤、丝绒类专业保护剂：化纤、丝绒类专业保护剂对化纤、丝绒类物质的表面能够起到清洁、抗紫外线、抗老化、防腐蚀等保护作用。一般汽车内饰的化纤制品较多，如顶棚、车门内饰板、座椅外套等
   - （3）玻璃专业保护剂：玻璃专业保护剂主要用于玻璃表面的清洁和保护

## 用品种类

### 1. 皮革类专业保护剂

**1** 油性上光保护剂（图2-24） 渗透性强，具有防水、防霉、防止龟裂，延缓皮革件老化的功能，同时上光效果显著。

图2-24 油性上光保护剂

**2** 仪表板蜡（图2-25） 采用树脂制成的仪表板蜡，上光效果显著。

图2-25 仪表板蜡

**3** 真皮清洁柔顺剂（图2-26） 能迅速分解并清除油污，适用于汽车内室及后备厢各部位的清洗。

图2-26 真皮清洁柔顺剂

**4** 硬质皮革清洗剂（图2-27） 有效去除皮革表面上沾有的脂肪污斑。

图2-27 硬质皮革清洗剂

**5** 真皮清洁增光剂（图2-28） 适用于皮革座椅、仪表台、方向盘及车门内侧的清洁增光。

图2-28 真皮清洁增光剂

## 2. 化纤或丝绒类专业保护剂

**1** 丝绒地毯清洗液（图2-29） 能去污的同时在表面形成透明的保护膜，能彻底迅速去除车内丝绒、坐垫、座套上的污渍，此外具有高效杀菌和"复彩增艳"的作用。

图2-29 丝绒地毯清洗液

**2** 绒毛深度清洁香波（图2-30）
能有效去除内饰、坐垫、顶棚里的顽固污渍，与此同时还能去除车内残留的烟味和小动物的异味。对纤维织物与皮革本身无任何腐蚀作用。

图2-30　绒毛深度清洁香波

**3** 化纤清洗剂（图2-31）对化纤类物质的表面起清洁作用。

图2-31　化纤清洗剂

**4** 丝绒清洁保护剂（图2-32）对丝绒类物质的表面起清洁作用。

图2-32　丝绒清洁保护剂

5 化纤保护剂（图2-33） 对化纤类物质的表面起抗紫外线、抗老化、防腐蚀等保护作用。

图2-33 化纤保护剂

6 化纤皮革清洁保护剂（图2-34） 对化纤皮革类物质的表面起清洁、抗紫外线、抗老化、防腐蚀等保护作用。

图2-34 化纤皮革清洁保护剂

### 3. 玻璃专业保护剂

1 玻璃清洁防雾剂（图2-35） 也称玻璃防雾剂，它主要清除玻璃表面各种污垢，同时可在玻璃表面形成一层超亲水透明膜，可消除因温差或气候变化致使玻璃表面出现雾珠现象，具有持久的防雾功能。

图2-35 玻璃清洁防雾剂

**2** 玻璃抛光剂（图2-36） 为德国原装进口，适用于所有玻璃及灯罩、塑料件抛光护理，能迅速除去玻璃上的细微划痕，同时在玻璃表面形成一层保护膜，令玻璃光泽明亮。

图2-36 玻璃抛光剂

**3** 挡风玻璃喷雾除冰剂（图2-37）
主要起除冰的作用，将它喷洒到挡风玻璃上能很快融化冰、雪、霜，能够保证在0℃以下正常驾驶。

图2-37 挡风玻璃喷雾除冰剂

# 项目六 其他汽车专业保护剂

## 理论知识

**1. 汽车美容黏土** — 汽车美容黏土属于一种非常细腻的特种聚合物，去污力极强，韧性好，可反复使用。使用时先在车身漆面上洒上水，然后用汽车美容黏土清洁护理。清洁护理时，在需要清洁的表面反复擦拭，使金属氧化物、锈迹颗粒等为卷入黏土中，数秒钟内便可以发现被擦拭过的部位变得光亮如新。汽车美容黏土同样可用于污垢严重的车窗玻璃和金属镀层、铝合金等制品等的除污及车身漆面氧化物或车身附着物（柏油、沥青、树胶等）的去除

**2. 汽车底盘高级保护剂** — 汽车底盘高级保护剂是一种含有特殊矿物质精华原料的高质量环化橡胶醇酸树脂，不含沥青成分。具有防锈蚀、降噪、抗盐碱、防砂石撞击的特点。柔韧有弹性，黏附力强。适用于汽车"底盘装甲"。用于喷涂汽车底盘、轮弧、油箱等位置，喷涂后可形成粗糙的软性涂层，具有耐磨性和减振、隔声、防锈的效果

**3. 塑胶专业保护剂** — 塑胶专业保护剂对橡胶件起到清洁、抗氧化、抗老化作用。适用于汽车轮胎、橡胶密封件、保险杠等橡胶和塑料制品。通过它的抗紫外线照射作用来防止橡胶及塑料的氧化，从而实现其保护作用

**4. 电镀件专业保护剂** — 电镀件专业保护剂主要用于电镀件表面的除锈保护

**5. 发动机专业保护剂** — 发动机专业保护剂主要用于发动机表面的护理，起到防氧化和增亮的保护作用

## 保护剂种类

**1** 焦油沥青去除剂（图2-38） 主要用于沥青及焦油等有机烃类化合物的清洗。

图2-38　焦油沥青去除剂

**2** 不干胶清除剂（图2-39） 一种专门用来清除车体表面不干胶或不干胶残留物的化学试剂，常被应用于清除塑料、玻璃制品上的不干胶标签等。

图2-39　不干胶清除剂

**3** 异味消除剂（图2-40） 一种通过绿色环保和微生物技术生产的无味净化用品。可消除甲醛，同时也可消除烟味、霉味造成的各种异味，消除异味时间持久。

图2-40　异味消除剂

4　**万能除锈剂**（图2-41）具有强力渗透性,有效松脱锈死机件,除去金属物品表面锈蚀。使用后可使机件表面无锈迹,此外还有防湿、防锈、清洁等多重功能。

图2-41　万能除锈剂

5　**轮毂清洗剂**（图2-42）含金属缓冲剂,它能轻松清洗轮毂上的脏物,恢复其光泽,还能防止轮毂的腐蚀。可应用于各种轮毂,包括铝合金轮毂的清洗。

图2-42　轮毂清洗剂

6　**铝钢圈靓丽保护剂**（图2-43）具有出色的亮丽增光功能,使铝钢圈具有耀眼的亮丽效果。

图2-43　铝钢圈靓丽保护剂

**7** 轮胎增黑光亮剂（图2-44） 具有出色的亮丽增光效果，使轮胎显得黑亮。它能有效防止轮胎等橡胶件的老化、龟裂、变形及褪色，不伤害轮辋、胎圈、轮胎盖。

图2-44　轮胎增黑光亮剂

**8** 汽车底盘高级保护剂（图2-45） 喷涂在汽车底盘上，将底盘及轮毂上方完全包裹起来，其自然固结后形成的底盘保护层，可以降低砂石撞击的损伤，防腐防锈。除此以外，它还能起到较好的隔声作用。

图2-45　汽车底盘高级保护剂

**9** 防冻型雨刷精（图2-46） 为水基低温型，专用于清洁汽车挡风玻璃、后视镜及车门窗玻璃等，具有融雪除冰、强力去污功效，能迅速分解各种油膜、虫胶、树胶、鸟粪等污垢，彻底清洁玻璃表面，保持玻璃透明晶亮。

图2-46　防冻型雨刷精

**10** 汽车美容黏土（图2-47） 能将颗粒污点彻底清洗干净而不伤害到漆面，其方法是洗车后一边向车身泼水，一边用黏土擦拭车身，此时颗粒就会脱落，原本粗糙的漆面马上焕然一新。

图2-47　汽车美容黏土

11 塑胶护理上光剂（图2-48） 具有显著提高塑胶光洁度和亮度的特点，喷涂后可长时间保持如新。

图2-48 塑胶护理上光剂

12 塑料橡胶润光剂（图2-49） 一种保养润光剂，它具有能够防止塑料及橡胶氧化的功用。

图2-49 塑料橡胶润光剂

13 塑料清洁上光剂（图2-50） 对塑料件起清洁增光的作用。

图2-50 塑料清洁上光剂

**14** 电镀件除锈保护剂（图2-51）采用化学方法除锈，对电镀件起防氧化的保护作用。

图2-51 电镀件除锈保护剂

**15** 汽车镀铬抛光剂（图2-52） 能够使镀铬件形成镜面光泽的镀层，亮度鲜艳。

图2-52 汽车镀铬抛光剂

**16** 增强型发动机超级保护剂（图2-53） 增强润滑油的润滑功能，通过抑制油泥、胶质等沉积物生成，具有减摩、抗磨的功效，能提高发动机效率和降低发动机噪声。

图2-53 增强型发动机超级保护剂

**17** 发动机漆膜保护剂（图2-54）

抗高温，保护漆膜沉积物生成，为发动机提供全面的保护。

图2-54 发动机漆膜保护剂

**18** 发动机线路保护剂（图2-55）

防止线路老化，避免线路引起的车辆短路自燃。它有效修复线路上的细微裂缝，防止漏电，保障车辆电路工作效率。

图2-55 发动机线路保护剂

chapter
**three**

| 第三章 |

# 汽车外部美容

# 项目七 汽车清洗

## 理论知识

### 1. 洗车的作用

洗车的作用是使汽车清洁亮丽、光彩如新,是汽车保养的最基本工作。

### 2. 洗车频率判断

**1 依天气来判断**

① 连续晴天大约一周做一次全车清洗工作。

② 连续雨天只需用清水喷洒全车,使车上的污物掉落,接下来用湿布或湿毛巾擦拭全车所有的玻璃。但当晴天后,应进行全车清洗。

③ 如果遇到忽晴忽雨气候,必须常常清洗车身。

**2 依行驶的路况来判断**

1)行驶在灰尘较大或泥泞路上　当行驶在灰尘较大或泥泞路上时,一般车辆都会被污泥溅到或粘在车身上,应立即使用大量清水清洗,以免附着久了伤及漆面。

2)行驶在海岸有露水或有雾区　行驶在海岸有露水或有雾区时,因海水盐分重且又有露水、雾气湿重,必须用清水彻底清洗,否则易使车身钣金遭受盐分侵蚀。

3)行驶在山区有露水或有雾区　行驶在山区有露水或有雾区时,可在停车后使用湿毛巾或湿布擦拭。

**3 特殊情形**　当停车在工地受灰尘或水泥影响或行驶中受到粉刷天桥、路灯的油漆、道路上的柏油以及前方载运污泥车所掉的污泥影响时,除应立即用大量清水清洗外,对油漆、柏油类的清洗还应进行打蜡。

## 3. 洗车方法

洗车方法有高压水枪洗车、电脑洗车及无水洗车等，主要以高压水枪洗车和电脑洗车为主。

### 1　高压水枪洗车

**1）操作步骤**　高压水枪洗车包括冲车、泡沫清洗、冲洗、擦车四大步骤。

**2）注意事项**

① 用水清洗汽车时，注意不要将水喷入锁孔。

② 清洁车身油漆表面时，切勿使用刷子、粗布，避免留下刮伤痕迹。

③ 喷枪水柱与车身保持45°角且距离车身15～60cm，并根据冲洗部位的不同调整喷枪水柱的压力和喷洒形状。

④ 冲水时禁止边冲洗边擦拭，因为泥沙没有冲掉就擦拭将会刮伤车身漆面。

⑤ 冲水干净后再用海绵从上而下擦洗，最后用布擦掉水迹。

### 2　电脑洗车

**1）操作步骤**

① 首次对汽车车身进行大概的冲洗。

② 驾驶车辆进入电脑洗车设备，然后将车辆后视镜和天线收起，并把门窗、天窗关好，拉住手刹（驻车制动器）。

③ 启动电脑自动洗车控制系统进行自动洗车。

④ 车辆移入美容车区后先用大毛巾将全车水珠拖一遍，再用中号毛巾擦去其他细节部位的水珠。

⑤ 用压缩空气吹干后完成洗车。

**2）注意事项**

① 驾驶车辆进入洗车道，要将汽车确实停放在洗车道中所设计的位置。

② 在未开始清洗前，应与车主沟通是否要加水蜡一起清洗。因为将洗车和打蜡合二为一同时进行时清洗液中的水蜡在清洗过程中也清洗了各处玻璃，导致下雨天水蜡会附着在玻璃上影响驾驶人的视线，尤其前挡风玻璃，在雨刷的作用下会造成视线模糊。

## 操作技巧

### 1. 高压水枪洗车操作技巧

高压水枪洗车的方法包括冲车、擦洗、冲洗、擦车和验车五个步骤。

**1** 冲车（图3-1） 车辆驶入洗车工位，停放平稳并关好所有车窗玻璃及车门后，由两名美容技师一左一右同时将脚垫撤出，然后用高压清洗机冲去车身污物，顺序自上而下。整个过程当中始终由一个方向向另一个方向的斜下方冲洗，尽量避免正向或反向冲洗，以免将泥沙冲回已经冲洗干净的部位。

(a) 冲洗车身　　　　　　　　(b) 冲洗轮胎

图3-1　冲车

**2** 擦洗　用泡沫清洗机将清洗剂与水混合变成泡沫，并在高压下将泡沫均匀喷到车身外表（图3-2），浸润几分钟，依靠泡沫的吸附作用，使清洗液充分地渗透于车身表面的污垢。最后用洗车海绵擦拭车身表面泡沫，按照从上到下的顺序擦洗车身，如图3-3所示。

(a) 开始喷泡沫　　　　　　　　(b) 全车喷泡沫

图3-2　喷泡沫

(a) 用海绵擦拭车身　　　　　　　　(b) 用海绵擦洗轮胎

图3-3　擦洗

**3** 冲洗（图3-4）　擦洗完毕之后，开始冲洗车身，顺序与冲车一样，但这时应以车顶、上部和中部为重点。因为冲车时已经将车身下部冲洗得比较干净并进行了一定的擦洗。当冲洗中部以上部位时向下流动的水基本能够将下部及底部冲洗干净，所以下部和底部可一带而过。

(a) 冲洗车顶　　　　　　　　　　(b) 冲洗车头

图3-4　冲洗

**4** 擦车

① 将车辆移出洗车工位，由两名美容技师各用一块半湿性大毛巾将整个车身从前至后先预擦一遍（图3-5）。当擦完一遍后，应取出两块毛巾，一干一湿，用半湿性毛巾擦净车门边、发动机盖、后备厢边沿及燃油箱盖内侧的泥沙后，再用干毛巾擦干前面所留下的水痕。

② 如图3-6所示，用吸尘吹干机将汽车内的尘土（仪表台、座椅缝隙处、地毯及后备厢）由上至下吸干净，倒掉烟灰缸内的烟灰及杂物，然后垫好脚垫。最后用半湿性毛巾擦拭干净仪表台、座椅、车门内饰板等（图3-7）；用半湿性毛巾和抛光巾擦拭玻璃；用半湿性毛巾擦干轮毂及汽车底部（擦内饰及玻璃的毛巾应与擦洗门边、车身底部及轮毂的毛巾分开使用）。

(a)从前至后擦车身　　　　　　　　　　(b)擦净车门边

图 3-5　擦整个车身

(a)车身内吸尘　　　　　　　　　　　　(b)后备厢内吸尘

图 3-6　吸车内的尘土

(a)擦拭干净车室内部　　　　　　　　　(b)擦拭干净后备厢内部

图 3-7　擦拭干净汽车内部

③ 打开发动机盖,然后用半湿性毛巾将发动机舱内的灰尘擦拭干净,如图3-8所示。

(a) 擦拭发动机舱边缘　　　　　　　　　　(b) 擦拭发动机灰尘

图3-8　清洁发动机舱

④ 为了让车主用车更加放心,美容技师还有必要帮车主检查一下发动机的制动液(图3-9)、冷却液、机油量等油液,必要时提醒车主进行补充加注。此外,还应提醒车主补充添加雨刮水(图3-10)。

图3-9　检查制动液　　　　　　　　　　图3-10　添加雨刮水

**5** 验车(图3-11)　验车时应特别注意检查洗车工序中容易遗漏的部位,如发动机盖边沿及内侧、车门边缘内侧、车门把手内侧、后备厢边沿内侧、油箱盖内侧、车身底部、轮胎及排气管等部件。在交车之前最好在车内喷洒些香水或空气清新剂,使车主感到更加满意。

## 2. 电脑洗车操作技巧

### 1 电脑洗车流程

① 如图3-12所示,车辆进入电脑自动洗车机工位之前首先用高压水枪对轮毂及轮胎进行除泥冲洗。

② 指挥被清洗车辆移动至清洗车位,前后按指定位置停好。

③ 将发动机熄火,拉上驻车制动器(车辆不可移动),关闭所有门窗玻璃,收进天线。

④ 检查确认车身安装的装饰物、反光镜、雨刷器的安装状况良好,确认车身上是否有划痕、漆面损伤、玻璃损坏等,如有,则告之车主认可,避免洗车后与车主产生纠纷。

⑤ 按下启动开关,电脑自动洗车机随即按设定程序自动进行清洗(图3-13)。

⑥ 当清洗完成后将车辆移入美容区,将车身上的水珠擦拭干净,然后将车室清洁干净。

### 2 注意事项

① 驾驶车辆进入洗车道,要将汽车确实停放在洗车道中所设计的位置。

② 在未开始清洗前,应与车主沟通是否要加水蜡一起清洗。因为将洗车和打蜡合二为一同时进行时,清洗液中的水蜡在清洗过程中也清洗了各处玻璃,导致下雨天水蜡会附着在玻璃上影响驾驶人的视线,尤其前挡风玻璃,在雨刷的作用下会造成视线模糊。

③ 避免长期使用电脑洗车,因为易使车身漆面损伤。

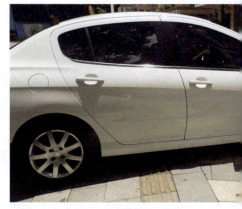

图3-11 验车

图3-12 用高压水枪对轮毂及轮胎进行除泥冲洗

图3-13 电脑自动洗车机自动进行清洗

# 漆面附着物的清除

## 沥青及焦油的清除操作技巧

### 1. 沥青及焦油的清除知识

当沥青或焦油附着于车身表面时，可以采取以下方法来及时清除。

1. **清水刷洗** 对于附着时间不长的污物，一般可以刷洗清除。在刷洗时，水温在常温或常温以下，刷子要用鬃毛刷，以免划伤漆面。

2. **有机溶剂清除** 如果刷洗难以清除污迹，可选用有机溶剂，但选用时一定要注意不可选用对面漆产生溶解作用的有机溶剂，如含醇类、苯类的有机溶剂、信那水等。一般可用汽油浸润后，擦拭清除。

3. **焦油去除剂清除** 焦油去除剂是汽车美容的常用产品，主要用于沥青及焦油等有机烃类化合物的清洗。使用专用的焦油去除剂，既可有效去除污物，又不会对漆面造成损坏。在沥青和焦油的清除过程中，最好选用专用产品。

4. **抛光机清除** 使用抛光机加入适当的研磨剂，亦可有效地去除附着在车表的沥青、焦油等顽迹。

### 2. 沥青及焦油的清除操作

① 将沥青清洗剂摇晃均匀，用喷雾器均匀喷洒于沥青焦油的表层（图3-14）。

图3-14 将沥青清洗剂用喷雾器均匀喷洒于沥青焦油的表层

② 等待 1～2min，附着在车身上的沥青颗粒软化后，用不脱毛纯棉毛巾将沥青擦干净，如图 3-15 所示。最后用高压水枪清洗该处并擦干。

图 3-15　用不脱毛纯棉毛巾擦拭

### 树胶的清洗操作技巧

在树下停车时，树上的胶性物质会滴落在车身表面，很难清洗。应用树胶清洗剂进行清洗。

① 将树胶清洗剂摇晃均匀，喷涂于污物处的表层，如图 3-16 所示。

图 3-16　将树胶清洗剂用喷雾器均匀喷洒于污物处

② 等待树胶软化后，用不脱毛纯棉毛巾擦拭干净，如图 3-17 所示。

图 3-17　用不脱毛纯棉毛巾擦拭

③ 如图 3-18 所示，最后用清水清洗该处并擦干。

图 3-18　用清水清洗干净

# 打蜡上光

## 理论知识

### 1. 车蜡选用

**1** 根据汽车的行驶环境来选择　由于车辆的运行环境千差万别，受外界污染物侵害的方式、程度也不相同，因而在车蜡的选择上对汽车漆面的保护应该有所侧重。例如，经常行驶在泥泞、山区、尘土等恶劣道路环境中，应选用保护功能较强的硅酮（聚硅氧烷）树脂蜡；沿海地区宜选用防盐雾功能较强的车蜡；而化学工业区宜选用防酸雨功能较强的车蜡；多雨地区宜选用防水性能优良的车蜡；光照好的地区宜选用防紫外线、抗高温性能优良的车蜡。

**2** 根据漆面的质量来选择　普通车辆选用普通的珍珠色或金属漆系列车蜡；对于中高档轿车，其漆面的质量较好，则应选用高档的车蜡。

**3** 根据漆面的新旧程度来选择　新车或新喷漆的车辆，应选用上光蜡，以保持车身的光泽和颜色；对旧车或漆面有漫射光痕的车辆，可选用研磨蜡对其进行抛光处理后，再用上光蜡上光。

**4** 根据季节不同来选择　夏季一般光照较强，宜选用防高温、防紫外线能力强的车蜡。

**5** 选用车蜡时还必须考虑与车漆颜色相适应　一般深色车漆选用黑色、红色、绿色系列的车蜡，浅色车漆选用银色、白色、珍珠色系列车蜡。

## 2. 打蜡注意事项

汽车打蜡的质量好坏，不但与车蜡的品质有关，而且与打蜡作业方法关系密切，要做到正确打蜡。

① 握好上蜡的频率。由于车辆行驶的环境与停放场所不同，打蜡的时间间隔也应有所不同。一般通过目视感觉或用手触摸车身，感觉发涩、无光滑感就可再次打蜡。一般有车库并经常在良好道路上行驶的车辆，每3～4个月打蜡1次，否则应1～2个月打蜡1次。

② 打蜡前应使用专业洗车液清洗车身。一定要用专业洗车液清洗车身外表的泥土和灰尘，不能使用洗涤灵或肥皂水。因为洗涤灵或肥皂水含有碱性成分，会侵蚀车身油漆、蜡膜和橡胶体，使其发生氧化，失去光泽。

③ 在打蜡作业中，绝对要防止烤漆面被划伤。打蜡作业中要求操作人员将手表、戒指之类的饰品全部拿下来，有效防止不小心将漆面划伤。

④ 应在环境清洁、阴凉且无风沙处给汽车打蜡，漆面过热或强烈阳光直射时不可打蜡。因为阳光的直射会使车表温度升高，车蜡附着能力下降，影响打蜡效果。如果打蜡场所及周围环境不清洁，沙尘会在车身上附着，不但影响打蜡质量，而且极易产生划痕。

⑤ 打蜡时，应该用打蜡海绵块按顺序在车体上直线往复进行，不可把蜡液倒在车上乱涂，一次作业要连续完成，不可涂涂停停。

⑥ 抛光作业要在规定时间内进行，切记不要刚打上蜡就抛光，要让车蜡能够在车漆表面有一定的凝固时间，且抛光运动也是直线往复。未抛光的车辆绝不允许上路行驶，否则再进行抛光，易造成漆面划伤。

⑦ 打蜡时，若打蜡海绵上出现与车漆相同的颜色，可能是漆面已经破损。应立即停止打蜡，必须在清除掉褪色和氧化漆后，才能进行打蜡作业。

⑧ 涂蜡时尽量采用柔软的海绵或软质的不脱毛的毛巾或棉布进行均匀涂抹。

⑨ 不要往车窗和挡风玻璃上涂蜡，否则玻璃上形成的油膜很难擦干净。

⑩ 抛光结束后要仔细检查，清除厂牌、标识内空隙及钥匙孔周围、纤细的边缘或转角部分、铁板与铁板之间、橡胶制品的边条缝、车牌、车灯、门边等处残存车蜡，防止产生腐蚀。

## 3. 上蜡方法

上蜡可分手工上蜡和打蜡机上蜡两种。手工上蜡简单易行，目前美容店使用较多，但打蜡机上蜡效率高。无论是手工上蜡还是打蜡机上蜡，都要保证将蜡在漆面涂布均匀。

1. 手工上蜡　手工上蜡就是按一定的顺序手工涂蜡，如图3-19所示。首先将少量的车蜡挤在专用打蜡海绵上，保证每次处理的面积一定，以画小圆圈的方式涂蜡，不可大面积涂抹。打蜡时手的用力要均匀，不必使劲擦，以拇指和小指夹住海绵，以手掌和其余三个手指按住海绵进行均匀的环形顺序上蜡。圆圈的轨迹沿车身前后移动，具体顺序是右前机盖、右前翼子板、右前车门、右后车门、右车顶、右后翼子板、后备厢，左半车身与右半车身顺序相同，蜡膜尽量做到薄而均匀。每道涂布相应与上道涂布区域有1/5～1/4的重叠，防止漏涂。

2. 打蜡机上蜡　打蜡机上蜡就是将车蜡涂在打蜡机海绵上，具体涂布过程与手工相似，打蜡机的转速控制在150～300r/min之间，如图3-20所示。

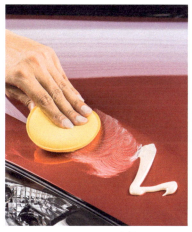
图3-19　手工上蜡

图3-20　打蜡机上蜡

## 4. 抛光方法

上蜡后5～10min蜡表面开始发白，用手背感觉车蜡的干燥程度，车蜡刚刚干燥而不粘手，即可进行抛光。抛光可以用手工抛光或抛光机抛光。

① 手工抛光时应先用手背感觉车蜡的干燥程度，以刚刚干燥而不粘手为度。手工抛光通常使用无纺棉布按一定的顺序做往复直线运动，适当用力挤压，以清除剩余车蜡。

② 抛光机抛光就是将抛光机的转速调至1000～1500r/min为宜，将抛光机的盘平放在涂面上，然后均衡地向下施加压力。

### ◆ 操作技巧

汽车打蜡上光的操作过程如下。

① 首先将汽车彻底清洗干净,如图3-21所示。

图3-21 清洗车身

② 洗车后一边向车身喷水,一边用汽车美容黏土擦拭车身,目的是清除附着于漆面表面的铁粉及污渍,如图3-22所示。

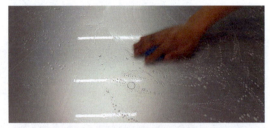

图3-22 用汽车美容黏土擦拭车身

③ 再次将车身冲洗干净,如图3-23所示。

图3-23 再次冲洗车身

④ 用棉毛巾擦干车上水珠,并用气压枪吹干缝隙及其隐蔽部件的水分。如图3-24所示,左手拿棉毛巾,右手拿风枪,一边吹一边用棉毛巾挡住,以免杂质飞溅进入眼睛。

图3-24 擦干车上水珠

⑤ 用海绵打上光蜡，如图3-25所示。

图3-25　打上光蜡

⑥ 全车打完上光蜡后用棉毛巾来回擦拭抛光使上光蜡均匀附在面漆上，如图3-26所示。

图3-26　手工抛光

⑦ 全面经过打蜡上光后的汽车应亮丽如新（图3-27），色泽鲜艳，光亮照人，实体倒影清晰度在75%以上即可交车。

图3-27　打蜡效果检查

# 项目十 车身镀晶

## 理论知识

### 1. 车身镀膜作用

车身镀晶就是将以二氧化硅为主要成分的镀晶药剂喷涂于车身表面,然后经过高温烘烤等工序,使之固定于车身表面,从而保护车身漆面。具体作用如下。

① 车身镀晶具有防止漆面氧化、老化的作用,它将车漆与空气完全隔绝,能有效防止外界因素导致的车漆氧化、变色等。

② 车身镀晶能够大大提高车漆表面清漆的清澈度,使车漆看上去更加光彩夺目。

③ 车身镀晶能有效防止酸雨等腐蚀性物质对车漆造成的损害,同时防止车漆的褪色。

④ 车身镀晶具有超强的自洁性和拨水性,不易黏附灰尘、污渍,清洁时只用清水即可达到清洗的效果,使车辆保持高清洁度和光泽度。

⑤ 车身镀晶后具有超强的拨水性,使水落在车体的瞬间收缩成水珠滑落,有效防止水垢的形成。

### 2. 车身镀晶周期

车身镀晶周期一般为1年,但质量较好的镀晶一般能够保持2~5年。

① 选择晴好的天气进行镀晶作业,有利于镀晶效果的充分保持。

② 镀晶之后3天之内避免洗车,镀晶剂与漆面的彻底融合需要一定时间。

③ 镀晶效果可以保持1年左右,期间定期做镀晶的后期保养。

④ 镀晶之后的车辆一定要选择正规的洗车点进行洗车。

⑤ 镀晶之后,千万别再做打蜡之类的简单漆面护理,那样会破坏车身漆面的镀晶层。

## 操作技巧

① 首先将车身彻底清洗干净，然后将车身擦干（图3-28）。如果发现存在小污点，则用清洁剂彻底清洗干净，然后将其擦干。

图3-28　擦拭干净车身

② 如图3-29所示，用遮蔽纸将车身表面的橡胶、电镀件、车标等部位遮蔽起来，以免做车漆还原时伤害到这些部位。

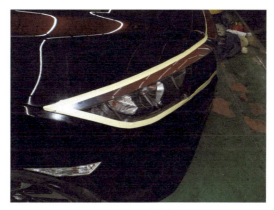

图3-29　粘贴遮蔽纸

③ 如图3-30所示，对车漆进行抛光还原。还原车漆光泽度，这是镀晶中的重要部分，所以需要特别认真细心的操作。

图3-30　车漆抛光还原

④ 车漆抛光还原之后使用专用脱脂剂清洁干净车身表面的油污,如图3-31所示。

图3-31　清洁车身油污

⑤ 选择合格的镀晶套装(图3-32),包括漆面镀晶液和玻璃镀晶液。

图3-32　镀晶套装

⑥ 对全车漆面涂抹漆面镀晶液(包括轮毂及电镀件)。操作时将漆面镀晶液滴在海绵上3～4滴,然后纵横交错均匀涂抹在漆面上(图3-33),同时另一个助手用软的超细纤维毛巾擦拭均匀漆面镀晶液。

图3-33　涂抹漆面镀晶液

⑦ 如图3-34所示，使用专用脱脂剂清洁玻璃表面的油污。

图3-34 清洁玻璃表面的油污

⑧ 对全车玻璃涂抹玻璃镀晶液，如图3-35所示。操作时将玻璃镀晶液滴在玻璃上，然后用海绵纵横交错均匀涂抹在玻璃上。

图3-35 涂抹玻璃镀晶液

⑨ 如图3-36所示，另一个助手用软的超细纤维毛巾均匀擦拭玻璃镀晶液即可完成玻璃镀晶。

图3-36 擦拭均匀玻璃镀晶液

⑩ 检查确认是否留有擦拭痕迹或擦拭不彻底、不干净的地方，如果发现残留物质应处理干净，最后将遮蔽纸撕开，完成整个车身镀晶，如图3-37所示。

图3-37　将遮蔽纸撕开

第三章 汽车外部美容

# 前照灯翻新

### ◆ 理论知识 ◆

一套前照灯翻新修复设备，包括前照灯翻新镀膜液、电热壶、打磨块、各种型号砂纸等，如图3-38所示。

图3-38 前照灯翻新修复设备

### ◆ 操作技巧 ◆

① 先在前照灯的周围贴上遮蔽纸，然后用细水砂纸包裹在打磨块上，一边加水一边进行水磨，直到前照灯表面平滑为止，如图3-39所示。最后用纸巾擦干前照灯表面水分和水迹。

图3-39 对前照灯进行水磨

067

② 如图3-40所示，在电热壶上插上电源线，然后将电热壶的残余液体倒干净。

图3-40　电热壶插上电源线

③ 如图3-41所示，把适量前照灯镀膜液（一般80~100mL）倒入电热壶中，然后盖好电热壶盖，用电热壶加热前照灯镀膜液。

图3-41　前照灯镀膜液倒入电热壶

④ 当电热壶出气口有气体持续喷出时可开始镀膜，此时需要将出气口置于前照灯表面1cm左右处，对整个前照灯表面均匀地镀一层膜，如图3-42所示。当前照灯镀膜经过几个小时自然固化后，前照灯恢复原来的光泽。

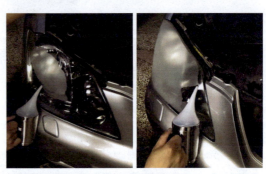

图3-42　前照灯镀膜

⑤ 前照灯镀膜完成后立即断开电源，等待2min后打开电热壶盖回收前照灯镀膜液，最后将电热壶清洗干净，并将前照灯翻新修复设备整理好以备下次使用，如图3-43所示。

图3-43　回收前照灯镀膜液

## 项目十二 汽车风窗玻璃裂缝的修补

### 理论知识

**1. 汽车风窗玻璃的修补条件**

① 并非所有的汽车风窗玻璃都能修补,只能修补复合(夹层)汽车风窗玻璃,而且裂缝是在玻璃非应力区上。

② 损伤的只是风窗玻璃的外表面,内侧风窗玻璃和中间橡胶夹层不能有损伤,修补必须在损伤发生后很短的时间内进行,损伤部位不可潮湿或有脏物进入,石击部位口的直径不能超过5mm,从石击处向外裂出的缝隙不允许超50mm,并且裂纹不能在风窗玻璃密封条处。

**2. 汽车风窗玻璃的修补方法**

汽车风窗玻璃的修补主要是在裂缝中填补液态胶质,消除缝隙。填补风窗玻璃所用的材料是一种透明度很高的液态胶质,靠紫外线加热可迅速凝固,强度可达原玻璃的90%以上。

### 操作技巧

汽车风窗玻璃的修补操作过程如下。

① 压缩风枪将风窗玻璃损伤部位周围吹干净,如图3-44所示。

图3-44 将风窗玻璃损伤部位周围吹干净

② 用风窗玻璃裂缝清洁笔将裂缝处的剩余杂质清理干净，如图3-45所示。

图3-45　清洁风窗玻璃裂缝

③ 将固定架安装在风窗玻璃损伤处，并使注胶管的中心与风窗玻璃损伤处的中心对正，如图3-46所示。

图3-46　安装固定架

④ 使用微型吹风机将破损处烘干，如图3-47所示。

图3-47　将破损处烘干

⑤ 将注胶管上的压力棒拔起，然后向注胶管内滴入3、4滴修补液，旋紧压力棒以轻微压力接触风窗玻璃裂缝，以便从风窗玻璃内部将空气压出，使修补液顺利注入，如图3-48所示。此外，从玻璃内侧观察裂缝应被修补液填充并逐渐变得清楚而透明。如果发现裂纹还未完全消失，则重复注入修补液，直至玻璃裂纹消失。

图3-48　注入修补液

⑥ 旋出柱塞，轻轻抬起吸盘的侧面，把固定工具支架取下来，然后用紫外线灯从外面加热损伤部位使其快速硬化，如图3-49所示。

图3-49　加热损伤部位

⑦ 用刀片从风窗玻璃上刮除多余部分的硬化树脂，刮除时不能往下推或刨，否则可能会把树脂从损伤部位拔出来。如果修理部位还有一个坑，为获得完好的平面，必须再次涂抹修补，固化，重新刮除。

⑧ 使用少量抛光膏并用很小的压力对修补部位进行抛光，抛光时间不易太长，否则会刮掉修补树脂。

chapter
four

| 第四章 |

# 汽车内部美容

# 项目十三 汽车车室美容

## 理论知识

### 1. 汽车车室美容的重要性

车室平时受外界油、尘、泥沙、吸烟、乘人汗渍及空调循环等不良因素的影响，使车室内空气受染，内饰中的地毯、真皮或丝绒座椅、空调风口、顶篷等处，经常接触潮湿的空气和水渍，使丝绒发霉、真皮老化，甚至产生难闻的气味。此外，车室还会容易滋生细菌，既影响身心健康又不利于驾驶心境。因此，汽车车室美容非常重要，一般每三个月应做一次车室美容。

### 2. 汽车车室美容的方法

汽车车室美容的方法主要包括车室除尘及清洁、车室净化和塑料皮革上光保护等，具体内容如下。

**1 车室除尘及清洁** 除尘及清洁就是清除附着或浸渍在内饰表面的灰尘及污物，一般借助清洁护理品能迅速去除车室内饰表面的尘垢和各种污渍。在车室清洁时也要求遵循由高处到低处的原则，即从顶篷到纤维织物、真皮、玻璃、仪表板、门边，最后清洁地毯、脚垫等。

**2 车室净化** 对于车室内的有害细菌需要用高温蒸汽杀菌（图4-1），然后喷施空气清新剂。

图4-1　车室高温蒸气杀菌

## 第四章 汽车内部美容

**3** **塑料皮革上光保护** 使用专门的塑料、皮革上光保护剂对内饰进行上光保护,如图4-2所示。无论采取哪种喷施方式,都要确保涂抹均匀。

图4-2 内饰上光保护

### 操作技巧

汽车车室需要清洁的部位主要有顶篷、车窗玻璃、地毯、座椅、仪表台、转向盘、空调风口及其他操纵件等,具体过程如下。

① 如图4-3所示,将座套、凉垫、头枕等汽车装饰品拆下来,装进无尘塑料袋保管。

图4-3 拆去饰品

② 如图4-4所示,用遮蔽膜将仪表、开关、音响等电气设备进行遮蔽,目的是避免水分入侵电气设备。

图4-4 遮蔽电气设备

③ 顶篷及饰板清洗应使用泡沫清洗剂，从前往后，先往顶篷及饰板上喷少许泡沫清洗剂，湿润半分钟，然后用干净的刷子进行刷洗（图4-5），顺其纹路方向擦拭。特别脏的地方可以反复擦拭。

图4-5 清洗顶篷及饰板

④ 仪表台首先应进行除尘，然后喷上一些泡沫清洗剂，最后用软布擦洗，如图4-6所示。

图4-6 清洗仪表台

⑤ 如图4-7所示，喷上泡沫清洗剂稍停留片刻，然后用干净毛巾折叠成方形，或用毛巾从四周向中间仔细擦拭污迹，直到除去污迹。处理干净后用另一块干净的棉布顺绒毛方向抹平，使其恢复本来面目。

图4-7 清洗座椅

⑥ 喷上泡沫清洗剂，稍停留片刻，然后用干净棉布擦拭干净中控区，如图4-8所示。

图4-8 清洗中控区

⑦ 地毯的清洗首先应用配有刷头的吸尘器进行清洁（图4-9），然后喷上泡沫清洗剂，再用毛巾擦拭干净。

⑧ 如图4-10所示，车门饰板的清洁应该从上到下，注重每一个细节，包括门边、门边储物盒、门边上的玻璃升降器开关、后视镜开关等，都要用毛巾或软刷子刷洗，然后吹干水分。

⑨ 拉出安全带，用中性肥皂水或温水擦洗。不可选用染色剂或漂白剂作为清洗剂清洗，否则将降低安全带的强度。

图4-9 清洗地毯

⑩ 清洁空调出风口时使用海绵条蘸取塑料清洗剂处理，也可以用小的软毛刷配合进行仔细清洗。

⑪ 根据需要在仪表台、车门饰板及真皮座椅上喷塑料、皮革上光保护剂。

图4-10 清洗车门饰板

⑫ 用洗车液将玻璃上附着的沙粒、尘土等污物清洁干净，如图4-11所示。当玻璃上黏附污斑、昆虫、沥青、口香糖或透明胶的残痕等污物时，可用塑料或橡胶刮刀去除；对于玻璃表面上的顽固性污物，如油漆污点、鸟粪等，可用1500～2000号旧的水砂纸配合肥皂水细心研磨去除。

⑬ 使用汽车臭氧消毒机进行车室消毒，如图4-12所示。最后再喷洒空气清新剂，将拆去饰品复原，车室美容操作完成。

图4-11 清洗玻璃

图4-12 进行车室消毒

# 项目十四 发动机室美容

## 理论知识

### 1. 发动机室美容操作前检查内容

① 启动发动机,检查发动机运转是否正常平稳。
② 检查仪表盘是否有故障灯点亮,如有应告知车主并做记录。
③ 关闭发动机,打开发动机盖,检查发动机室各部件有无破损。
④ 检查发动机电气、电路有无明显破损。

### 2. 发动机室美容的注意事项

① 发动机室清洁前最好用塑料薄膜将发动机的熔丝/继电器盒、发电机、汽车电子控制单元(ECU)、点火线圈、蓄电池等裹起来,以免水分入侵电气造成损坏。
② 在清洗发动机外部时,首先将发动机熄火,使所有电气不工作,并使发动机室温度降低后方可清洗。
③ 清洗时应使用散射水柱进行冲洗,并且高压水的压力不能过高。此外,也可以使用气动清洁枪进行吹洗,如图4-13所示。
④ 清洗时注意不要让清洗液流进蓄电池,以免损坏蓄电池。

图4-13 气动清洁枪进行吹洗

## 操作技巧

发动机室美容操作的过程如下。

① 清洁前,尽可能地用塑料薄膜将发动机的电气元件包裹起来。

② 首先摇晃发动机外部清洗剂使其混合均匀,然后将发动机外部清洗剂喷涂到整个发动机室及发动机外部各部件总成处(图4-14),停留3～5min,以使污垢尽可能被吸附到泡沫中。细小部位需使用刷子刷,使脏物浮起。

图4-14 发动机外部清洁剂

③ 当发动机外部清洗剂的泡沫开始消失时,用高压洗车机或喷水枪仔细冲洗。清洗时应使用散射水柱进行冲洗,而且要将发动机外部清洗剂泡沫彻底冲洗干净。

④ 对于发动机上残留的顽固附着污物,可将去污力较强的清洗剂喷涂在干净的抹布上,并用这块抹布擦拭脏污处,擦抹干净后再喷涂发动机外部清洗剂,停留3～5min后再用水冲洗干净。

⑤ 如果发动机外部出现锈蚀,应将除锈剂喷涂在锈蚀处,大约10min后,再用硬毛刷刷洗,然后用软布擦干。

⑥ 对于发动机的电气元件,必要时可以用电气元件专用清洁剂来清洁,清洁时不要用水清洗,只需擦干或任其自然干燥。清洁后再使用多功能防腐润滑剂喷涂一遍,使电气元件的接插头具有抗潮、避水及润滑等多项保护功能。

⑦ 使用抹布配合清洁剂将蓄电池表面擦拭干净,然后在蓄电池极柱上涂抹一层保护剂或润滑脂防止极柱的氧化。

⑧ 清洗流水槽时必须注意观察流水槽是否疏通,同时可以配合软毛刷或海绵刷洗,再用干净软布擦干。清洁干净后,可以喷涂橡胶清洁护理剂,防止橡胶老化。

⑨ 恢复拆卸的部分，然后用压缩风枪将发动机上所有的零部件及缝隙吹干，如图4-15所示。

图4-15　吹干发动机表面水分

⑩ 将发动机线路保护剂均匀喷涂在发动机线束及发动机壳体上，如图4-16所示。发动机室清洁后应无灰尘、水迹、油渍等杂物残留，发动机应干净清洁。

图4-16　喷涂发动机线路保护剂

chapter five

| 第五章 |

# 汽车车身漆面美容

# 项目十五 漆面研磨抛光

## 理论知识

### 1. 漆面研磨

**1 作用** 漆面研磨可以去除漆膜表面氧化层和轻微划痕。使用专用的研磨剂，然后通过研磨抛光机进行作业。

**2 研磨剂的选择**

1）微切研磨剂 微切研磨剂是柔和的研磨剂，研磨时对车漆损伤最小。

2）中切研磨剂 中切研磨剂是较柔和的研磨剂，切割（摩擦）能力适中。

3）深切研磨刑 深切研磨剂是切割（摩擦）能力最强的研磨剂。

### 2. 漆面抛光

**1 作用** 漆面抛光可以去除车漆表面经研磨后留下的细微的打磨痕迹。漆面抛光需要使用专用抛光剂，通过研磨抛光机进行作业。

**2 注意事项**

① 抛光作业可以手工完成。在手工抛光时应注意抛光运动路线。不可胡乱刮擦或做环形运动。应该以车身纵向平行线为准往复运动。每次抛光的面积不要超过50cm×50cm。

② 使用抛光机前先检查抛光机转速、抛光轮是否与托盘黏结牢固、螺栓是否上紧、是否对在中心位置。抛光盘要保持清洁，随抛随清理。

③ 新盘抛光前要湿润，避免干抛。

④ 抛光随时要注意温度，特别是塑料件部分。

⑤ 不要在一个点停留太久，以免伤到底漆。

⑥ 研磨剂和抛光剂用量要适中，不要用太多。

⑦ 研磨剂和抛光剂要涂在抛光盘接触面中间。

⑧ 抛光遵循分块施工，遵循从上而下，由左至右，按"井"字形路线移动的原则。

⑨ 抛光盘与被抛面应成小于30°的小倾角。

⑩ 如图5-1所示，抛光时眼睛要始终观察抛光后的效果和即将抛光后的漆面状态。

图5-1　抛光操作

⑪ 抛光时应根据被抛零件的材料，选用合适的抛光膏。抛光膏由黏合剂与磨料组成，抛光时与零件摩擦所产生的热量，使抛光膏中黏合剂熔化，起到抛光作用。抛光时，把零件压向抛光轮适当部位，其用力大小、抛光时间长短及手的动作，取决于抛光工的实践经验。抛光既用于镀前预加工，也用于镀后精细加工。

## 操作技巧

### 1. 漆面研磨操作技巧

**1** 清洗车身　如图5-2所示，使用高压水枪将车身污渍及灰尘清洗干净，然后用棉毛巾擦干水分。

图5-2　清洗车身

**2** 上研磨剂（图5-3） 把研磨剂摇匀，倒在海绵研磨盘上少许，用研磨盘在漆面上涂抹均匀，喷少许水（雾状）。

**3** 研磨操作　调整研磨机转速到1400～1800r/min，启动研磨机，沿车身方向直线来回移动，研磨盘经过的长条轨迹之间覆盖1/3，不漏大面积漆。研磨部位顺序：右车顶→右前机盖→左前机盖→右前翼子板→右前车门→右后车门→右后翼子板→后备厢盖，按这个顺序研磨右半车身，按相反顺序研磨左半车身，如图5-4所示。研磨车顶时可打开车门，在门边垫上毛巾，踩在门边上操作。

图5-3　上研磨剂　　　　　　　图5-4　研磨操作

**4** 清洗残留的研磨剂　将车辆开进洗车位，对车身进行彻底清洗，用活性促进剂及清洗液对车身残余的研磨剂进行清洗（图5-5），车身必须干净，无白点。避免干燥后不易洗净，残留于车身。

图5-5　清洗残留的研磨剂

## 2. 漆面抛光操作技巧

**1** 清洗车身　如图5-6所示,首先将前挡风玻璃密封起来,然后洗车,除去铁粉与杂质。

图5-6　清洗车身

**2** 上抛光剂　把抛光剂摇匀,倒在海绵抛光盘上少许,用抛光盘在漆面上涂抹均匀(图5-7)。

图5-7　上抛光剂

**3** 抛光操作　如图5-8所示,调整研磨抛光机转速到1800r/min左右,使抛光机的海绵轮保持与漆面相切,力度适中,速度保持一定。

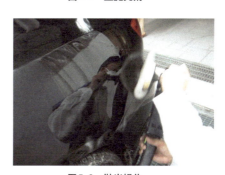

图5-8　抛光操作

**4** 清洗残留的抛光剂　将车辆开进洗车位,对车身进行彻底清洗,将抛光剂进行清洗,然后用棉毛巾擦干水分(图5-9),提高车身光亮度。

图5-9　清洗残留的抛光剂

## 项目十六 漆面失光处理

### 理论知识

**1. 漆面失光原因的判别**

1. 自然老化导致的失光　漆面无明显划痕，用放大镜观察漆面斑点较少，这类失光主要由漆面出现氧化还原反应所致，属自然老化失光。

2. 浅划痕导致的失光　漆面分布较多的未伤及底漆的划痕，特别是在强光照射下尤为明显，这类失光主要是由漆表划痕所致。

3. 透镜效应导致的失光　用放大镜仔细观察漆面，若发现漆表有较多的斑点，则说明漆面受透镜效应侵蚀严重，此类失光多为透镜效应所致。

**2. 漆面失光处理办法**

① 轻度自然老化及浅划痕导致的漆面失光，通常采用抛光方法进行处理。
② 严重自然老化及透镜效应引起的失光，要对车身漆面进行涂装翻新。

### 操作技巧

1. 车身清洗　用脱蜡清洗液将车身漆面粉尘、油渍、泥沙及污垢等污物彻底清洗干净，如图5-10所示。

图5-10　车身清洗

### 漆面美容

**2** 研磨漆面油渍污垢　如图5-11所示，用汽车美容黏土再次深度处理漆面的油渍污垢。

图5-11　研磨漆面油渍污垢

**3** 清洁漆面油渍污垢　如图5-12所示，清洗漆面表层研磨下来的油渍污垢。

图5-12　清洁漆面油渍污垢

**4** 擦拭车身漆面水分　如图5-13所示，用美容布擦拭干净车身漆面水分。

图5-13　擦拭车身漆面水分

**5** 密封金属件和橡胶件　如图5-14所示，用胶条把车身上所有与漆面相邻的金属件和橡胶件的边缘部分以及诸如车标、字母等都粘贴起来。

图5-14　密封金属件和橡胶件

6　**全车抛光还原**　对全车漆面进行抛光还原，如图5-15所示。

图5-15　全车抛光还原

7　**清洗漆面抛光还原剂**　用水清洗车身漆面抛光还原剂，然后擦干，如图5-16所示。

图5-16　擦干车身

8　**打蜡**　如图5-17所示，进行打蜡，车身恢复光滑、亮丽的色泽。

图5-17　打蜡

# 漆面划痕处理

## 理论知识

### 1. 汽车漆面划痕产生

**1 擦洗不当** 汽车在擦洗过程中若清洗剂、水或擦洗工具（海绵、毛巾等）中有硬质颗粒，都会使漆面产生划痕。

**2 护理不当** 汽车在漆面抛光过程中若选择的打磨盘粒度较大，打磨用力较重或打磨失手，都会在漆面表面上留下不同程度的划痕。还有在打蜡时，如蜡的品种选择错误，误把砂蜡用在新车上，会打出一圈圈的划痕。

**3 自然因素** 汽车在暴风、沙尘天气时产生刮擦造成漆面划痕。

**4 人为因素** 汽车在行驶中与其他汽车产生刮擦，与路边树枝产生刮擦，以及在停车场人为的不小心刮痕等造成漆面划痕。

### 2. 车身漆面划痕的分类

**1 轻微刮痕** 轻微刮痕指表面漆轻微刮伤，划痕未穿过清漆层而是留有刮痕。

**2 细长划痕** 细长划痕指色漆层已经刮透，但未伤及底漆层。

## 操作技巧

### 1. 轻微刮痕处理操作技巧

① 根据需处理漆面的面积把适量的去痕蜡挤到海绵上。

② 如图5-18所示，在划痕处用蘸有去痕蜡的海绵反复打圈擦拭，直到划痕去除为止。

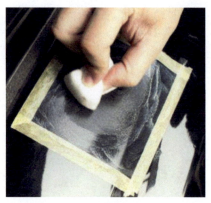

图5-18 擦拭划痕处

③ 等待漆面上的去痕蜡干透后，用柔软的布清除剩余的去痕蜡，如图5-19所示。

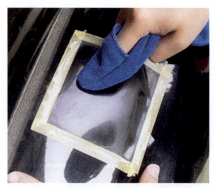

图5-19 用柔软的布清除剩余的去痕蜡

### 2. 细长划痕处理操作技巧

对于由刀片等利器造成的又细又长且具有一定深度的刮痕，需要使用油漆稀释液稀释油漆后，使用细小的毛笔来给刮痕上漆，达到快速修复划痕的目的。

① 把补漆笔中的油漆倒一些到塑料小勺子里，然后使用稀释液对油漆进行稀释（图5-20），使其更容易渗透到划痕的缝隙里。

图5-20 使用稀释液对油漆进行稀释

② 调配好油漆后，用小毛笔把油漆往缝隙中填（图5-21）。由于油漆是经过稀释的，因此很容易渗透进划痕的缝隙中。

图5-21 补漆

③ 等油漆完全干透后，便可以使用2000号的砂纸对划痕区域进行水磨，如图5-22所示。把划痕区域磨平后再打蜡抛光。

图5-22 打磨漆面

# 车身凹陷修复

## 理论知识

### 1. 定义

车身凹陷修复就是把汽车漆面的凹陷部分修复到原来状态。车身凹陷修复可以采用先进的工艺设备和技术,根据光的反射、杠杆的作用,利用凹陷整平工具,对汽车表面不脱落、未掉底漆的凹陷,不用钣金、刮腻子、烤漆等传统工序,而是直接对局部进行技术处理和快速修复,如图5-23所示。

图5-23 车身凹陷修复

### 2. 特点

车身凹陷修复技术可以实现仅从外部处理凹陷,不必对护板以及其他车身部件进行拆装,保持车身原始状态,固定件不必更换,可以节省工作时间。修复后无论是车漆的颜色、光洁度还是车体钢板的硬度、强度、韧性、耐久性等全都符合技术参数的要求。

### 3. 车身凹陷修复要求

① 板材的受损变形不能过大，没有折痕与皱纹。
② 板材加工表面的温度在200℃左右。
③ 适当的照明、工具和辅助材料。

### ◆ 操作技巧 ◆

① 判断车身凹陷位置、大小，并将其清洁干净，如图5-23所示。
② 找到合适的工具并放在一起备用，如橡胶槌、拔起器、吸盘、定影灯等，如图5-24所示。
③ 把胶棒插入胶枪加热几分钟，然后均匀从中心到四周慢慢地打在吸盘上面。
④ 利用余温把吸盘轻轻地粘在合适的凹陷受力位，然后向下按吸盘并停留2～5min。尽可能在胶体的边缘留出一道小缝，便于稍后使用残留胶清除剂。

注意：根据凹陷的面积来决定安装吸盘的数量。

⑤ 等熔化的胶棒冷却后，将凹陷拔起器套在吸盘头部上，然后用适当的力按压凹陷拔起器的手柄使凹陷慢慢恢复到原始的位置，如图5-25所示。如果拔的力过大，会使凹陷上拱，这时就需要使用橡胶槌修平整。
⑥ 使用残留胶清洗剂喷向凹陷涂胶处，使试剂能从胶体的后面渗入，然后小心取下吸盘。
⑦ 使用定影灯观察修复情况，然后借助橡胶槌和象牙锥将细微突出来的部分处理好。

图5-24　准备工具

图5-25　拔起凹陷

# 项目十九 轮毂的修复翻新

## 理论知识

汽车行驶过程中会遇见各种磕磕碰碰,从而导致轮毂的损伤,轮辋的损伤主要有轮毂表面刮伤、轮毂边缘缺口、轮毂变形等。

**1 轮毂表面刮伤** 轮毂表面刮伤主要表现为轮毂有刮痕(图5-26)、轮毂掉漆等情况,面对这种情况,通过轮毂翻新就可以恢复原来的状态。

图5-26 轮毂有刮痕

**2** 轮毂边缘缺口　汽车轮毂受到坚硬物体撞击时会把轮毂的边缘撞成缺口，根据缺口形状可以使用铝焊进行补缺（图5-27），然后对轮毂进行翻新修复。

图5-27　铝焊补缺

**3** 轮毂变形　汽车轮毂受到碰撞或撞击时很容易造成轮毂的变形，轮毂变形只要不伤及轮毂的结构，可以通过轮毂矫正修复机对损坏的轮毂加以整形矫正，如图5-28所示。

图5-28　整形矫正轮毂

### ◆ 操作技巧 ◆

1. 拆卸轮胎　在进行轮毂翻新之前首先要使用扒胎机将轮胎与轮辋分离。

2. 修复轮毂受损部位　先修复轮毂轻微受损部位，可以使用砂纸或者抛光机对轮毂划痕部位进行打磨修复，如果划痕有一定深度，就需要采用铝焊进行补缺，然后再打磨平整。

3. 喷漆前处理　将轮毂原来的漆层用喷砂机清理干净，然后再用砂纸将整个轮毂表面进行水磨光滑。

4. 重新喷漆　轮毂喷漆颜色可以根据车主要求进行改变，也可以用轮毂原来的颜色。轮毂喷漆时，要在喷漆房或者无尘车间进行，如图5-29所示。

图5-29　轮毂喷漆

第五章　汽车车身
**漆面美容**

# 汽车快速补漆

## 理论知识

　　汽车快速补漆是指针对汽车漆面上的各种细小划痕、摩擦伤痕、风吹尘打伤疤、恶意划痕、硬物划痕等已被划破的外观进行快速局部修复的技术，如图5-30所示。汽车的快速补漆一般包括清除旧漆层、刮灰、打磨、喷中涂漆、喷面漆和清漆、抛光等。

图5-30　汽车快速补漆

## 操作技巧

### 1. 清除旧漆层、刮灰

　　首先需要将损伤处周围用遮蔽纸遮盖住，然后将旧漆层清理干净，最后对较深的凹痕使用原子灰来将凹陷部位填平，从而减小整个表面的不平度。一般左手拿刮灰板，右手拿刮刀，取一些调好的原子灰，用刮刀将修补部位的凹陷填平，如图5-31所示。

注意：原子灰和修补部位之间不允许有气泡，否则会降低其附着力。

图5-31　刮灰

## 2. 打磨

选用与磨块大小相配的砂纸，或者把砂纸裁剪好，使之与磨块尺寸相配。将砂纸固定在磨块上，把磨块平放在打磨面上，沿磨块的长度方向均匀施加中等程度的压力打磨填补区域，如图5-32所示。

图5-32　打磨

注意：打磨时使磨块做前后往复的摩擦运动，同时要向打磨区域补充水分，避免干磨。

### 3. 喷中涂漆

根据产品要求将中涂底漆和固化剂、稀释剂按比例调配好，将填补区域清洁干净后喷中涂漆。

① 先对修补边缘交界处薄薄地喷涂一层中涂漆，主要是使旧涂膜与原子灰的交界面融合。

② 待其稍干之后，再给整个原子灰表面薄薄喷一层，喷涂后形成的表面应平整光滑，取适当的时间间隔，分几次薄薄地喷涂。一般要喷3～4次，如图5-33所示，每道间隔时间5～10min（常温）。

③ 中涂漆干燥后用500号砂纸打磨一遍，最后用干净抹布擦拭干净。

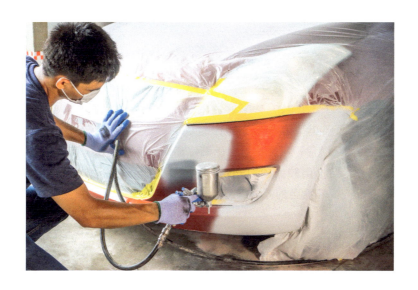

**图5-33　喷中涂漆**

### 4. 喷面漆和清漆

① 将调好色的色漆按所需要的量取出，经过滤后加入喷枪内。首先用黏性抹布把表面擦拭干净，喷涂第一道面漆时宜少宜薄，如喷涂量过多过厚，稀释剂易将底漆咬起。如图5-34所示，喷涂时，喷枪与被涂面距离可适当远些，喷枪喷出扇面可适当调宽，重叠宽度1/3～1/2。喷涂第二道面漆时，可采用横喷，纵喷再横喷，使漆膜均匀。

② 将清漆和固化剂按照要求混合且搅拌均匀，过滤后装入清洁的喷枪。待面漆完全干燥后，再喷涂2～3层清漆，每层清漆间隔时间为5～10min。

图5-34 喷面漆

### 5. 抛光

面漆干燥后,需要对修补区域进行抛光。首先将中粗抛光蜡涂抹于修补区域,然后选用小型海绵抛光轮以较低的转速对修补区域研磨抛光(图5-35),待修补区域显现出光泽后,逐渐提高转速并扩大抛光区域到修补区域的3~5倍,然后换用较大的抛光轮,用细蜡对整板进行抛光和上光一体操作,消除车身光泽和颜色的差异。

图5-35 抛光

chapter
six

| 第六章 |

# 汽车车身装饰

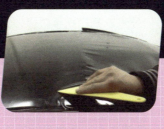

# 车身贴膜

## 理论知识

### 1. 作用

汽车表面保护膜又被称为车身隐形保护衣，是一种高性能膜。它能有效防止剐蹭划痕和小石子、沙粒的击打伤害。

### 2. 特点

① 汽车表面保护膜具有高强度、高密度特点，可有效缓冲漆面物理伤害（即划痕产生）。

② 汽车表面保护膜稳定性高、持久度长、防腐蚀、防酸雨、防褪色、防紫外线。汽车表面保护膜使车漆与空气隔绝，有效地防酸雨，防氧化，抵抗划伤，持久保护车辆的漆面。

③ 装贴表面保护膜清洗方便，不产生静电，不粘灰尘，不被污腐蚀，延长洗车周期。

④ 表面保护膜具有性价比高的特点，一次投入后在长时间内可节省汽车其他美容费用。

### 3. 装贴位置

表面保护膜装贴位置包括汽车车顶、发动机盖、车外灯、前后保险杠、轮辋前缘、后视镜外缘、门外缘、开门把手内缘、钥匙孔、后备厢盖及四个侧门等部位。

### 4. 装贴基本方法

① 选择表面保护膜。

② 清洗装饰部位，用清洁剂清洗需要装饰的部位，清除油污、尘土及异物等，使表面清洁、干燥。

③ 撕掉保护膜衬纸，将保护膜平整地粘贴到车身表面上。

④ 消除表面保护膜和车身表面之间的空隙及空气，使表面保护膜牢固地粘贴在车身上。

## ◆ 操作技巧 ◆

### 1. 车身保护膜装贴施工流程

**1** 选择专用的装贴工具　根据贴保护膜的要求，选择专用的装贴工具（图6-1）。

图6-1　装贴工具

**2** 拆掉密封条　小心地拆掉车身上的密封条及其他附件（图6-2），便于装贴。

图6-2　拆掉密封条

**3** 装贴前的将车身表面清洁干净　装贴前将车身表面清洁干净（图6-3），确保无泥沙，无油渍污物。车身漆面如果光泽度或划痕明显，应抛光打蜡，并将蜡渍等清洗干净。

图6-3　将车身表面清洁干净

4. 平铺保护膜 先在车顶漆面上喷水，接着在保护膜上喷水，最后将它平铺开（图6-4）。

图6-4 平铺保护膜

5. 热定型 采用便携热枪把保护膜精确地收缩定型（图6-5），消除在曲面上出现的皱褶。

图6-5 热定型

6. 定型 如图6-6所示，用刮板将保护膜和车顶漆面之间的水和空气刮干净后即可定型。

图6-6 定型

**7** 水纹和气泡的处理　如图6-7所示,以"一板压半板"的方式刮水,在确定前一板没有问题的情况下,再刮下一板,即后一板刮水应压在前一板的1/2处,避免水流回流造成水泡。但要注意刮板的力度,并保持力度均匀,方向是从中间往四边刮水。

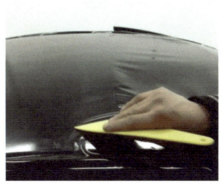

图6-7　水纹和气泡的处理

**8** 精确裁漆膜　用小刀沿着边部裁掉多余漆膜(图6-8)。

图6-8　精确裁漆膜

**9** 边角的处理　如图6-9所示,用便携热枪把保护膜边水分吹烤干,热枪温度应在150℃以下。

图6-9　边角的处理

10  收边处理 使用刮板进行收边处理（图6-10）。

图6-10 收边处理

11  清洁干净所有密封槽 在刮板的表面包上棉毛巾，然后将所有密封槽清洁干净（图6-11）。

图6-11 清洁干净所有密封槽

12  安装密封条 将车身上的密封条及其他附件恢复安装（图6-12）。

图6-12 安装密封条

**13** 撕开车顶保护膜的保护层　如图6-13所示,撕掉保护膜最上面的一层保护层,车顶表面保护膜装贴完成。其他部位的装贴方法大体一致。

图6-13　撕开车顶保护膜的保护层

**14** 全面检查保护膜　全面检查保护膜施工各部位(图6-14),膜面清洁后将车辆移出施工工位,施工结束。

图6-14　全面检查保护膜

## 2. 车外灯保护膜装贴施工流程

**1** 拆下车外灯　将车上的前照灯及后尾灯拆下并放好(图6-15)。

图6-15　拆下车外灯

**2** 车外灯保护膜装贴 在车外灯和保护膜上喷水，将保护膜平铺到车外灯上，然后一边用便携热枪热定型，一边用刮板将水刮干净（图6-16）。

图6-16 车外灯保护膜装贴

**3** 精确裁漆膜 用小刀沿着边部裁掉多余保护膜（图6-17）。

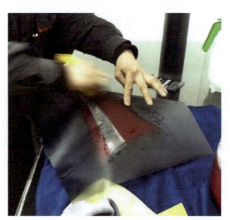

图6-17 精确裁漆膜

**4** 安装车外灯并撕开保护层 撕掉车外灯最上面的一层保护层，车外灯保护膜装贴完成（图6-18），其他车外灯的装贴方法大体一致。

图6-18 安装车外灯并撕开保护层

**5** 检查车外灯　所有车外灯保护膜装贴完成后需要打开灯光开关，检查车外灯的工作情况（图6-19），如有异常则将故障排除后方可交车。

图6-19　检查车外灯

## 项目二十二

# 汽车车身改色

### 理论知识

车身改色膜有许多不同颜色，主要根据改装爱好者的喜好来选择，以整体覆盖粘贴的方式改变全车或局部外观的颜色，实现车身绚丽的色彩（图6-20），从而满足改装爱好者的要求。

图6-20　炫丽的车身色彩鉴赏

### 操作技巧

① 首先将汽车驶入进无尘车间，然后用泡沫清洁剂喷在车身表面，同时用毛巾将脏污擦拭干净（图6-21），最后用干毛巾将水分擦干。

图6-21　清洁车身

② 对车身装饰件进行拆卸,然后根据粘贴位置的面积用美工刀裁剪出一块大小合适的改色膜(图6-22)。

图6-22 裁剪改色膜

③ 撕开改色膜的保护层,然后将其小心地拉平,粘贴在需要改色的部位(图6-23)。

图6-23 粘贴改色膜

④ 使用刮刀刮平改色膜,使其更好地贴在车身上(图6-24)。如果改色膜没有拉直,则需要将其再次拉直后再用刮刀刮平。用同样的方法将整块改色膜刮平即可。

图6-24 刮平改色膜

⑤ 用刮板沿着车身的缝隙制作出边沿缝隙(图6-25)。

图6-25 制作缝隙

⑥ 如图6-26所示，使用美工刀沿着制作出的边沿缝隙进行精细裁边，然后撕掉多余的改色膜。

图6-26　精细裁边

⑦ 再次使用刮刀对车身对边沿进行收边处理（图6-27）。

图6-27　对边沿进行收边处理

⑧ 如图6-28所示，用同样的方法对其他边沿进行收边处理，但对于4个车门、车顶之处需要把边收到胶条里面。

图6-28　收边处理

⑨ 如图6-29所示，使用热风枪对改色膜进行加温，软化改色膜，同时抹平改色膜让其轮廓更加明显。用同样的方法对整个车身粘贴改色膜。

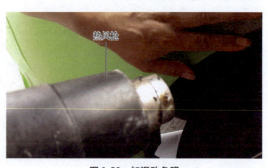

图6-29　加温改色膜

# 风窗玻璃贴膜

## 理论知识

### 1. 定义

车窗贴膜就是在车辆前后挡风玻璃、侧窗玻璃以及天窗上贴上一层薄膜状物体,而这层薄膜状物体也叫做太阳膜或者防爆隔热膜。

### 2. 车窗贴膜的用处

1　**隔热防晒**　车膜可以减小光线照射强度,达到隔热防晒效果,保持车内凉爽。

2　**隔紫外线**　阳光中的紫外线对人体肌肤具有一定的伤害,长期受紫外线照射易造成皮肤疾病。车膜可以有效地阻挡紫外线,对肌肤起到保护作用。

3　**安全与防爆**　当汽车发生意外时,防爆车膜可以防止玻璃爆裂飞散,避免事故中玻璃碎片对人员造成伤害,提高汽车安全性。

4　**单向透视**　车膜的单向透视性可以使车外看不清车内,增强安全和隐蔽性。

5　**防眩光**　车膜可以保持眼睛舒适,降低因为眩光因素造成的意外情况。

6　**提升美观度**　五颜六色的车膜可以改变车窗玻璃全部是白色的单一色调,给汽车增添美感。

7　**降低空调能耗**　贴上车膜一定程度上可防止车内温度过高,起到一定程度的节省油耗、降低空调能耗的作用。

## 3. 覆膜鉴别方法

**1 看** 清晰度高的是高档膜，劣质膜会有雾蒙蒙的感觉。

**2 闻** 撕开保护层后，劣质膜闻起来有一股刺鼻的味道，而高档膜采用的是环保胶，基本上没任何味道或有一股淡淡的胶水味。

**3 摸** 高档膜摸上去有厚实平滑感，劣质膜则很软很薄，缺乏足够的韧性，容易起皱。

**4 擦** 可以用一点酒精或汽油擦拭膜的表面，劣质膜一擦很容易褪色，高档膜则不容易褪色。

**5 试** 在一个碘钨灯上放一块贴着太阳膜的玻璃，用手感觉不到一丝热的是高档膜，而立即有烫手感觉的则是隔热性较差的劣质膜。

## 4. 贴膜注意事项

① 汽车贴膜完成后3天内禁止洗车，并且避免升降车窗或天窗。

② 汽车贴膜后如果遇到车膜边缘起泡，必须在24h内到施工点进行修复，否则超过时间后起泡周边的胶已干透，车膜周边已不能移动，处理时会产生折痕。

③ 汽车贴膜后一个月内禁用强黏性标签直接贴至车膜上，以免造成车膜局部脱离玻璃。

④ 汽车贴膜要符合年检标准，如用于驾驶人视区部位的前挡风玻璃可见光透视比达不到70%则不能通过年检。

## 5. 贴膜验收标准

**1 前挡风玻璃贴膜验收标准**

① 贴膜要整张安装，不能拼凑。
② 贴膜不能有气泡、折痕（以雨刮有效使用范围为准）。
③ 从玻璃的左右两侧分别观察，水必须刮干净。
④ 坐在驾驶人位置，透过前挡风玻璃看车外的景物不存在模糊、色差现象。
⑤ 查看前挡风玻璃是否有强烈的反光现象（外侧）。
⑥ 膜材的边缘与玻璃的小黑点连接是否平滑，有无明显的凹凸不平的感觉。
⑦ 膜材的边缘是否粘贴完好，无起边现象。

## 2 后挡风玻璃贴膜验收标准

① 在有金属加热线及天线夹在玻璃内侧的情况下，不得整张贴，必须拼贴，避免长时间加热导致影响其使用寿命。
② 拼接时刀法必须精确，不得出现两次以上未对齐现象。
③ 查看是否有残留水夹在膜材与玻璃之间。
④ 不得有密集的沙点及气泡。

## 3 侧窗玻璃贴膜验收标准

① 检查侧窗玻璃有无明显的漏光现象。
② 查看车窗玻璃的上缘线是否与膜材的边缘保持基本平行，刀线是否平滑。
③ 查看有无较集中的沙粒夹在玻璃与膜材之间，有无气泡、折痕。

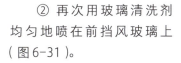

## 操作技巧

### 1. 前挡风玻璃贴膜

① 首先用一块大毛巾覆盖在仪表台上，然后撕掉前挡风玻璃的保护层，接着用玻璃清洗剂均匀地喷在前挡风玻璃上，最后用小刀将前挡风玻璃上的黏胶清理干净，如图6-30所示。

图6-30　清理前挡风玻璃上的黏胶

② 再次用玻璃清洗剂均匀地喷在前挡风玻璃上（图6-31）。

图6-31　喷玻璃清洗剂

③ 用刮板将前挡风玻璃上的胶彻底清理干净（图6-32）。

图6-32　再次彻底清理干净黏胶

④ 将前挡风玻璃膜粗切为前挡风玻璃大小，然后在前挡风玻璃膜的背面喷上少量混有洗洁精的泡沫水，最后将前挡风玻璃膜贴在前挡风玻璃上（图6-33）。

图6-33　贴风窗玻璃膜

⑤ 用刮板将前挡风玻璃膜和玻璃之间的水刮干净后即可定型（图6-34）。

图6-34　用刮板刮水

⑥ 检查前挡风玻璃膜的所有边缘并用刮板包裹上毛巾再次刮平（图6-35）。

图6-35　再次刮平前挡风玻璃膜

## 2. 后挡风玻璃贴膜

① 用一块大毛巾覆盖在后窗台上（图6-36），避免弄脏后窗台。

图6-36　覆盖一块大毛巾在后窗台上

② 两手用力撕掉后挡风玻璃的保护层（图6-37）。

图6-37　撕掉后挡风玻璃的保护层

③ 将玻璃清洗剂均匀地喷在后挡风玻璃上（图6-38）。

图6-38　均匀喷玻璃清洗剂

④ 用刮板将后挡风玻璃上的黏胶清理干净（图6-39）。

图6-39　用刮板清理黏胶

⑤ 如图6-40所示,用刮板包裹上毛巾再次擦拭干净黏胶。

图6-40　擦拭干净黏胶

⑥ 如图6-41所示,用玻璃清洗剂和刮刀将后挡风玻璃及其边缘反复清洁干净。

⑦ 将后挡风玻璃膜切为后挡风玻璃大小,然后将其拿到后窗台内。

图6-41　反复清洁干净后挡风玻璃

⑧ 撕开后挡风玻璃膜的底层保护层,然后在后挡风玻璃膜的背面喷上少量混有洗洁精的泡沫水。

⑨ 将后挡风玻璃膜贴在后挡风玻璃上(图6-42)。

图6-42　贴上后挡风玻璃膜

⑩ 撕掉后挡风玻璃膜最上面的一层保护层(图6-43)。

图6-43　撕掉后挡风玻璃膜保护层

⑪ 用刮板将后挡风玻璃膜和玻璃之间的水刮干净后即可定型（图6-44）。

图6-44 用刮板将后挡风玻璃膜定型

⑫ 检查后挡风玻璃膜的所有边缘并用刮板包裹上毛巾再次刮平（图6-45）。

图6-45 用刮板包裹上毛巾再次刮平

### 3. 侧窗玻璃贴膜

① 两手用力撕掉侧窗玻璃的保护层（图6-46）。

图6-46 撕掉侧窗玻璃的保护层

② 将玻璃清洗剂均匀地喷在侧窗玻璃上（图6-47）。

图6-47 玻璃清洗剂喷在侧窗玻璃上

③ 将侧窗玻璃膜粗切为玻璃大小（图6-48）。

图6-48　剪裁侧窗玻璃膜

④ 等待黏胶被溶解后用刮刀将侧窗玻璃上的黏胶清理干净（图6-49）。

图6-49　清理侧窗玻璃上的黏胶

⑤ 用刮刀包裹上毛巾再次擦拭干净黏胶（图6-50）。

图6-50　再次擦拭干净黏胶

⑥ 将侧窗玻璃膜覆盖侧窗的外侧（图6-51）。

图6-51　将侧窗玻璃膜覆盖侧窗的外侧

⑦ 用热风枪把侧窗玻璃膜精确地收缩定型，同时用刮板进行抹平，并精确裁膜（图6-52）。

图6-52　用热风枪收缩定型

⑧ 再次喷上玻璃清洗剂，然后用刮板将侧窗玻璃清洗干净（图6-53）。

图6-53　再次清洗侧窗玻璃

⑨ 用棉毛巾包住刮板，然后擦拭干净侧窗玻璃的水珠（图6-54）。

图6-54　棉毛巾包住刮板擦拭干净水珠

⑩ 在侧窗玻璃表面喷上少量混有洗洁精的泡沫水（图6-55）。

图6-55　在侧窗玻璃表面喷上泡沫水

⑪ 撕开侧窗玻璃膜的一部分底层保护层，然后对侧窗玻璃进行贴膜。

⑫ 如图6-56所示，用刮板将侧窗玻璃膜和玻璃之间的水刮干净后即可定型。

图6-56 用刮板将侧窗玻璃膜刮平

⑬ 撕开侧窗玻璃膜的全部底层保护层。

⑭ 将侧窗玻璃膜放入车窗缝隙中（图6-57）。

图6-57 将侧窗玻璃膜放入车窗缝隙中

⑮ 用刮板将侧窗缝隙中的侧窗玻璃膜刮平（图6-58）。

图6-58 将车窗缝隙中的侧窗玻璃膜刮平

⑯ 检查侧窗玻璃膜的所有边缘并用刮板包裹上毛巾再次刮平（图6-59）。

⑰ 最后用毛巾将车门内饰板擦拭干净。

图6-59 再次刮平侧窗玻璃膜

第六章 汽车
车身装饰

# 大包围的装饰

## 理论知识

### 1. 作用

大包围的主要作用是降低汽车行驶时所产生的逆向气流，同时增加汽车的下压力。使汽车行驶时更加平稳，从而减少耗油量。安装大包围后，可使汽车外观豪华、气派、美观、霸气，更显个性。

### 2. 组成

大包围由前包围、后包围（图6-60）和侧包围组成。其中，前、后包围有全包围和半包围式两种形式。全包围是将原来的保险杠拆除，然后装上大包围，或是将大包围套在原保险杠表面，覆盖原保险杠；半包围是在原来保险杠的下部附加一装饰件，这样可不用拆除原保险杠；侧包围又称侧杠包围或侧杠裙边。

图6-60　加装后包围

### 3. 大包围的制作材料

**1** 塑料　用塑料制作的大包围套件的质量相对较高,是各名牌汽车改装厂生产大包围的主要材料。

**2** 玻璃钢　用玻璃钢制作的大包围套件,虽然在细腻程度等方面不如塑料件,但因制作方便,所以多数生产商首选玻璃钢作为生产大包围的材料。

**3** 合成橡胶　合成橡胶的包围,具有较大的温度适应范围,温度在-80～50℃之间都不会出现变形,此外它还具有较好的耐冲击能力。

### 4. 大包围的选用

**1** 配套性原则　目前装饰件生产厂家的大包围总成件,基本上都是以特定的车型为准而设计制作的。在制作中,根据制作的材质和工艺而分为标准型、豪华型。在选择时应根据不同的车型,选择与之配套的大包围。

**2** 协调性原则　各大包围的造型和颜色要与车身融为一体,做到总体平衡协调。

**3** 安全性原则　汽车安装大包围不能影响整车性能和行车安全,选择大包围时要考虑路面状况,只有完全在平坦良好道路上行驶的汽车才能加装大包围,所有饰件离地面应保持一定距离(至少20cm)。

**4** 标准性原则　选择的大包围和尾翼组件要符合国家有关规定,应选用高质量的产品,并应选择在正规的、有经验的汽车装饰店进行安装。

**5** 观赏性原则　选择的大包围组件要美观大方,赏心悦目,符合人们审美需求。

### 5. 加装大包围和尾翼的注意事项

**1** 注意行驶道路　加装大包围后使最小离地间隙变小,为此汽车是否加装大包围,要根据汽车经常行驶的道路情况而定。如果汽车经常在不平的路面上行驶,不能加装大包围。

**2** 注意产品质量　大包围的质量直接影响到汽车的外观,如果大包围材质脆弱,刚性过大,就很容易碎裂,因此应选用高质量的大包围。

**3** 注意改装安全　由于大包围的材料抗撞击能力较差,所以选用需要拆掉原车保险杠才能安装的大包围将影响到汽车的安全性。如果一定要选用拆杠包围,可将原杠中的缓冲区移植到大包围中,以起到保护作用。

**4** 注意商家选择　应选择有经验的专业改装店加装大包围,确保加装质量有保证。

### ◆ 操作技巧 ◆

将安装前包围的部位进行擦拭,将油污、污垢等去除,使装饰部位达到清洁、干燥,做好安装准备。

① 首先准备好与车型相适应的包围(包括前包围、后包围和侧包围),然后由2名技师分别将前包围定位在前保险杠的左、右两侧上(图6-61)。

图6-61　前包围定位

② 在定位位置用自攻螺钉将前包围的左侧钻一个安装孔,然后用螺钉将前包围的左侧固定在前保险杠的内侧位置,同时用十字槽旋具将螺钉拧紧(图6-62)。

图6-62　用螺钉固定前包围的左侧

③ 将前包围的右侧用螺钉固定在前保险杠的内侧位置，同时用十字槽旋具将螺钉拧紧（图6-63）。

图6-63　用螺钉固定前包围的右侧

④ 前包围安装好的效果如图6-64所示。

图6-64　安装前包围后的效果

⑤ 如图6-65所示，由2名技师同时将侧包围定位在右边门槛板下的前、后两端上，然后用螺钉将侧包围固定在门槛板的内侧位置。左侧侧包围的安装方法与右侧侧包围的安装方法相同。

图6-65　安装右侧侧包围

⑥ 如图6-66所示，后包围的安装方法与前包围的安装方法相同，都是在左、右两边用螺钉固定住。

图6-66　安装后包围

# 汽车保险杠的装饰

## 理论知识

### 1. 作用

汽车保险杠主要是吸收及缓和外界冲击力，用来保护车身安全的装置，而且也是车身外部的装饰品。

### 2. 按材料分类

1. **钢板保险杠**　钢板保险杠由钢板冲压成U形槽钢，表面镀铬处理，与车架纵梁铆接或焊接在一起，与车身有一段较大的间隙。现在钢板保险杠主要用于货车。

2. **塑料保险杠**　塑料保险杠主要由塑料制成，能起到缓冲作用，保护前后车体。从外观上与车体结合在一起，具有很好的装饰性，成为装饰轿车外形的重要部件。

3. **铝合金保险杠**　铝合金保险杠是由铝合金制成的管状保险杠，这种保险杠具有造型多、美观、气派等特点，主要用于越野汽车和小型面包车。

4. **镜钢保险杠**　镜钢保险杠由钢管制成，并经电镀处理，主要用于小型面包车。

### 3. 按安装位置分类

按安装位置可分为前保险杠、后保险杠和车门保险杠。下面以前保险杠安装来说明汽车保险杠的装饰方法。

◆ **操作技巧** ◆

**1** 定位螺栓孔　找到前保险杠的安装螺栓孔（图6-67），并定位。

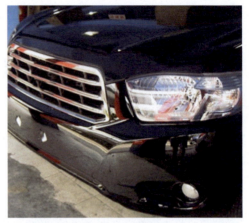

图6-67　定位螺栓孔

**2** 安装前保险杠螺栓　将前保险杠放上去，然后用手拧紧螺栓（图6-68）。

图6-68　安装前保险杠螺栓

**3** 拧紧螺栓　用扳手拧紧前保险杠上的两个螺栓（图6-69）。

图6-69　拧紧螺栓

**4** 安装螺栓孔盖 安装前保险杠上的两个螺栓孔盖（图6-70）。

图6-70 安装螺栓孔盖

**5** 安装前保险杠下面的紧固螺栓 将前保险杠下面左右两边的螺栓紧固（图6-71）。

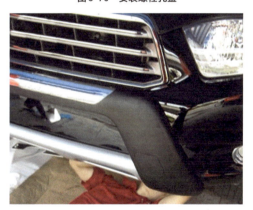

图6-71 安装前保险杠下面的紧固螺栓

**6** 检查并清洁前保险杠 如图6-72所示。

图6-72 检查并清洁前保险杠

# 项目二十六 汽车隔声

## 理论知识

### 1. 汽车隔声作用及原理

汽车隔声主要是隔绝汽车噪声,而汽车噪声的来源主要包括风噪、路噪、摩擦声、发动机本身产生的噪声等。

汽车隔声通过减振材料对汽车的钣金进行减振和密封处理,改善扬声器安装环境的缺陷,还原汽车音响的音压和音质效果。同时通过减振材料和隔声材料对汽车的钣金进行减振及隔声处理,降低汽车钣金结构传递的噪声,提高驾驶舒适度。

### 2. 汽车隔声作业流程

① 拆除内饰件,找到汽车隔声的工作表面。在拆卸时一定要注意拆卸内饰件技巧,不可用蛮力或用力过猛而损坏面板和漆层。所有卡扣都要使用专用的起扣工具拆卸。

② 用柏油清洗剂将粘贴工作表面彻底清洗一遍。在处理较难清除的附着物时,可尝试用其他专用溶剂先溶解后再用专用铲刀将附着物慢慢铲除。最后用干净的抹布将工作表面彻底擦干净。

③ 撕去隔声材料背面的保护牛皮纸并粘贴到工作表面上,然后使用专用滚筒或手用力将其压实。有气泡时用裁纸刀将其挑开,把空气压出,让隔声材料紧紧贴在工作表面上。

④ 将所有的内饰件都按原样由内至外装回,在安装过程中所有部件一定要按原样装复。

### 操作技巧

① 如图6-73所示,首先拆下左前门内饰板,然后撕开左前门密封薄膜。

图6-73 拆下左前门内饰板

② 使用干净的毛巾将左前门内层和外层的钣金件擦拭干净(图6-74)。

图6-74 擦拭干净内外层的钣金件

③ 在左前门内层的钣金件上均粘贴上"膈声王"(图6-75)。粘贴时要分块进行,因为内层里面不容易放入整块"膈声王"。

图6-75 内层的钣金件粘贴"膈声王"

④ 在左前门外层的钣金件上粘贴整块"膈声王"(图6-76)。

图6-76 外层的钣金件粘贴整块"膈声王"

⑤ 剪掉外层钣金件多余的"膈声王",然后将其粘贴好(图6-77)。

图6-77 剪掉外层钣金件多余的"膈声王"

⑥ 在外层的"膈声王"的表面再粘贴上一层膈声棉(图6-78)。

图6-78 粘贴上一层膈声棉

⑦ 剪掉外层的多余的膈声棉,然后将其粘贴好(图6-79)。

图6-79 剪掉外层多余的膈声棉

⑧ 按照相反的顺序将车门内饰板安装复位(图6-80)。此外,其他三个车门采用同样的方法进行膈声。

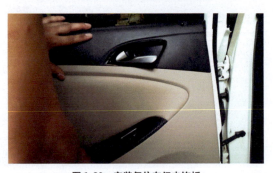

图6-80 安装复位车门内饰板

第六章 汽车
车身装饰

# 底盘装甲

### ◆ 理论知识 ◆

底盘装甲也称底盘防锈,它在汽车底盘的下面喷涂一层2～4mm厚的弹性密封材料,形成一层厚厚的铠甲,如图6-81所示。底盘装甲是对这一技术的形象描述。

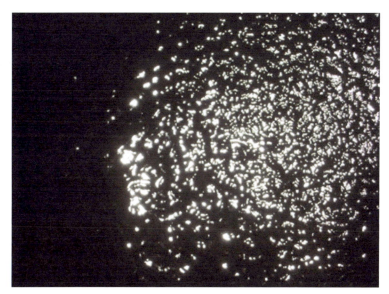

图6-81　厚厚的铠甲

### 1. 汽车底盘装甲的作用

**1** **底盘防腐蚀**　提供良好的保护,避免潮气、酸雨、盐分对车辆底盘金属的侵蚀,密封车体缝隙。

**2** **防石击**　给车辆提供良好的橡胶涂层,有效防护路面沙石对底盘的击打,保护漆膜。

133

**3** **防振** 发动机、车轮均固定在汽车底盘上，它们的振动在某一频率上会与底盘产生共鸣，底盘装甲防护可消除共鸣。

**4** **隔热** 阻止底盘铁板热传导，使驾驶室内冬暖夏凉。

**5** **隔声降噪** 车辆行驶在快速路上，车轮与路面的摩擦声与速度成正比，底盘装甲可降低行驶时噪声的传导。

**6** **防止螺栓松脱** 车辆行驶过程中抖动，底盘装甲可以防止底盘螺栓的松脱。

**7** **防拖底** 底盘装甲可有效防止底部被路面刮蹭时，减轻对底盘的伤害。

### 2. 汽车底盘装甲施工注意事项

① 进行底盘装甲施工前，必须对喷涂部位进行严格的清洗工作，因为当喷涂部位还残留着灰尘、油迹时，喷涂后将会出现脱落现象。同时，也应保证无锈、无沙尘，否则也将会导致底盘装甲后脱落现象。

② 进行底盘装甲喷涂施工时，请勿一次性喷涂过厚，以免产生流滴和难干等不良现象。

③ 新车进行底盘装甲施工时，应先观察喷涂部位是否存有白色或透明的防锈胶或漆类物质（此为新车在原厂已喷涂上的），若存在此类物质的，操作时务必要小心，施工时一定要薄薄地喷涂，待表面干燥后再喷涂，如此反复操作直至合格。若一次性喷涂过厚，会导致产品在短时间内难以完全挥发，从而会引发溶剂溶解原防锈漆或胶类物质，两种物质混合后会出现长时间不干和柔软、粘手的现象。

④ 对较为隐蔽或难喷涂的部位，不要连续喷涂，应进行点动式喷涂，即"一喷、一停"，如此喷涂至完全覆盖较为隐蔽或难喷的部位，从而能防止因连续喷涂过厚而产生的不良现象。

⑤ 喷涂过程中，应视气压和产品的雾化情况来调节与被喷涂部位的距离；气压高、雾化好时适当离远一些，当气压下降和雾化变差时，与被喷涂部位的距离相应地调近一些，此操作既可保证喷涂过程中不会产生过厚的现象，又能充分提高产品的利用率。

◆ **操作技巧** ◆

① 使用遮蔽纸对底盘进行遮蔽，包括排气管、车身（图6-82）。

② 使用湿布清洁底盘上的泥土。

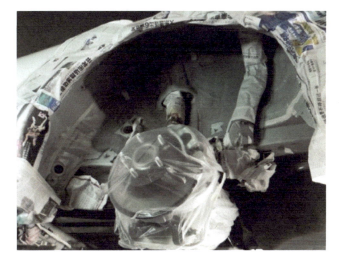

图6-82　对底盘进行遮蔽

③ 施工人员穿好防护服，戴好护目镜和防毒面具（图6-83）。

④ 涂料使用前要充分摇匀。

图6-83　做好防护

⑤ 对底盘进行均匀喷涂（图6-84）。

图6-84 对底盘进行均匀喷涂

⑥ 必须完全对底盘进行全覆盖喷涂（图6-85）。

⑦ 拆卸遮蔽纸。

⑧ 对使用过的喷枪进行清洁。

图6-85 全覆盖喷涂

chapter seven

# 第七章

# 汽车车内装饰

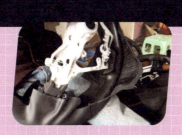

# 汽车桃木内饰

## 理论知识

### 1. 桃木内饰的部位

桃木种类有桃木纸巾盒、PVC桃木饰板（图7-1）、桃木变速杆头、桃木后视镜、桃木电话架等。汽车的转向盘、变速杆、离合器、制动踏板、节气门踏板及驻车制动杆是驾驶汽车的六大操作件，也是装饰的主要对象。

图7-1　PVC桃木饰板

### 2. 桃木内饰保养

1　日常保养　新车做了桃木内饰后，应用柔软的湿布擦拭一遍，以擦去粘在上面的灰尘，保持桃木的正常光泽。在擦拭中，不要用干硬的布条直接擦拭，也不要用酸性或者碱性的液体擦拭，因为这样都会损害桃木上面的光釉。

2　老化后保养　桃木内饰表面的光釉在使用一段时间并逐渐磨损后会导致整个桃木内饰出现黯淡无光的现象（俗称亚光）。当出现亚光时可以采取以下办法让其重新恢复光泽。

① 在汽车打蜡时给桃木内饰打蜡，然后用柔软的湿布快速地在上面擦拭，擦拭的速度一定要快。

② 当打蜡已经不起作用时，运用抛光重新喷釉使其恢复光泽，但经常抛光会损害桃木内饰。

### 3. 桃木内饰工艺鉴别

① 查看内饰的表面是否有颗粒，如果改装后的汽车桃木表面有颗粒，说明改装水平一般。

② 查看光釉是否均匀，如果光釉过多，会导致光釉流到桃木的边缘，累积起来形成一些丘陵状的凸起，可用观察法和触摸法鉴别。

③ 查看花纹是否清晰，胶膜印在桃木上的花纹一定要清晰，如果花纹没印好，会模糊不清。

④ 查看桃木内饰是否有圆点。如果有，表明改装时所采用的胶膜上有洞。

### ◆ 操作技巧 ◆

① 首先将车窗按键的饰件拆下，然后按照相反顺序安装车窗按键桃木饰件。安装车窗按键桃木饰件时，应先将车窗按键用螺钉固定在车窗按键桃木饰件上（图7-2）。

图7-2　固定车窗按键

② 如图7-3所示，将安装好桃木饰件的车窗按键总成对准安装卡口放在车门饰板上，然后用手指按压车窗按键的桃木饰件，将车窗按键总成装入车门饰板上。

图7-3　车窗按键总成放置在车门饰板

③ 如图7-4所示，右后门车窗按键桃木饰件的安装完成。其他3个车门的车窗按键及门拉手的桃木饰件均采用相同的方法进行替换。

图7-4　右后门车窗按键桃木饰件

④ 中控面板装饰框改装桃木装饰框时，应先将原来的中控面板装饰框拆下，然后按照相反的顺序装上桃木装饰框。如图7-5所示，安装时用手指轻轻按压桃木装饰框，让桃木装饰框轻松地装入中控台内。

图7-5　桃木装饰框

# 项目二十九

# 座椅的改装

### 理论知识

#### 1. 真皮座椅定义

汽车座椅改装就是将原车的绒布座椅改装成真皮座椅,真皮座椅是座椅表层包着一层真皮的座椅,如图7-6所示。

图7-6 座椅的改装

#### 2. 真皮座椅的特点

**1 优点**

1)**豪华气派** 真皮座椅高贵的品质、精美的造型、多彩的色调,可提高汽车配备档次。

2)**美观耐用** 让汽车能够在视觉上、触觉上,甚至在味觉上都有一个好的心里感觉,给汽车增光添彩。同时,真皮结实耐磨,使用寿命长。

3）利于散热　真皮座椅的散热性比绒布座椅要好，在炎热的夏日，真皮座椅只是表面较热，轻拍几下，热气会很快消散。长时间坐在真皮座椅上，也不会感觉很热。

4）便于护理　真皮座椅不像绒布座椅那么容易藏污纳垢，最多只是灰尘落在座椅的表面，不会堆积在座椅的较深处而不易清理。即使真皮座椅沾上污垢，只要喷上真皮清洗剂，然后用干净布擦干。

**2** 缺点

1）易刮伤　如碰到尖锐的物品，真皮座椅表面容易受到损伤，于是在使用时要特别小心。

2）易老化　真皮座椅受热后会出现老化现象，从而过早失去光泽。

3）易滑　真皮座椅表面做皱褶或反皮处理可降低滑感，但与绒布比在乘坐时还是较滑。

### 3. 真皮的鉴别方法

**1** 查　检查有无真皮标志，真皮标志是在国家工商行政管理局注册的证明商标，并且是用优质真皮制作的。

**2** 看　用眼睛的直观感觉进行鉴别，真皮表面光滑，皮纹细致，色泽光亮且没有反光感，厚度为1.0～1.2mm，且厚薄均匀。如果皮纹不明显，只是异常光滑，则说明在加工过程中进行了磨面处理，或是用二层牛皮喷上颜色后压出皮纹制成。

**3** 摸　用手摸皮面，质量好的真皮摸起来手感好，柔软舒适、滑爽而且富有弹性，若皮面板硬或发黏均为劣质皮。

**4** 嗅　闻一闻皮的气味，真皮有自然的皮香味，装上车后再次打开车门，有一股令人舒适的香气，劣质的皮革通常带有强烈的刺激味。

**5** 擦　用潮湿的细纱布在皮面上来回擦拭七八次，并查看布上是否沾有颜色，若有脱色现象，则说明是劣质皮。

**6** 拉　用两只手拿住皮子的对角，然后稍用力向两边拉，真皮拉起来变形不大，牢靠度较好，弹性好，延伸率和张幅适中，同时有一种刚柔相济、挥洒自如的感觉。若皮面出现裂痕或露出浅白的底色，则说明是劣质皮。

## 第七章 汽车
**车内装饰**

**7** 烧　从真皮和人造革背面分别撕下一点纤维，点燃后，发出刺鼻的气味、结成硬疙瘩的是人造革；发出毛发气味、不结硬疙瘩的是真皮。

### ◆ 操作技巧 ◆

**1** 准备工作　如图7-7所示，准备好一套真皮座椅套，真皮座椅套包括靠背真皮座椅套和底座真皮座椅套。

图7-7　准备工作

**2** 拆卸原来座椅套　如图7-8所示，拆开座椅上原来的座椅套，然后取出卡勾以便安装使用。

图7-8　拆卸原来座椅套

**3** 安装靠背真皮座椅套　将靠背真皮座椅套套入座椅靠背海绵垫，然后将靠背真皮座椅套平铺至靠背海绵上（图7-9）。

图7-9　平铺靠背真皮座椅套

143

最后用专用钳子小心地将靠背真皮座套紧固至海靠背绵垫上，如图7-10所示。

图7-10　固定靠背真皮座套

**4** 安装底座真皮座椅套
如图7-11所示，用专用钳子小心地将底座真皮座椅套紧固至海绵垫上。

图7-11　安装底座真皮座椅套

**5** 安装其他部件　将底座座椅放置在座椅支架上，然后将座椅的其他部件按照与拆卸相反的顺序安装（图7-12）。

图7-12　安装其他部件

第七章 汽车
车内装饰

# 手缝转向盘套

### 理论知识

手缝转向盘套主要包括转向盘套套入转向盘和转向盘套的缝制，具体方法如下。

**1** 转向盘套的套入方法　为了使转向盘套和转向盘有很好的贴合度，转向盘套一般比转向盘略小，因此套入时不要试图一下全套上，应先套上部，然后套下部，最后再套左右两边（图7-13）。

图7-13　套入转向盘套的方法

**2** 转向盘套的缝制方法　转向盘套的缝制方法为分段缝制，四幅转向盘要分为四段缝制，三幅转向盘则需分为三段缝制（图7-14）。每一段使用一根线，缝完后打结，剪掉多余的线头，再重新起线缝制下一段，辐条处不缝。

图 7-14 转向盘套的缝制方法

◆ **操作技巧**

① 首先根据转向盘的幅度测量真皮材料（图 7-15）。

图 7-15 测量真皮材料

② 使用剪刀沿着粉笔画的位置剪裁真皮材料（图 7-16）。

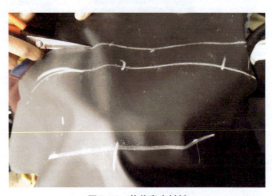

图 7-16 剪裁真皮材料

③ 将剪裁下来的真皮材料包在转向盘上测试位置情况，然后用缝纫机将真皮材料拼接在一起（图7-17）。

图7-17　制作成转向盘套

④ 在制作好的转向盘套内表面涂抹上助黏剂（图7-18）。

⑤ 在转向盘套接缝处对应的转向盘周围用小刀切一个切口，目的是让转向盘套接缝能够压入切口内。

图7-18　涂抹上助黏剂

⑥ 如图7-19所示，将制作的转向盘套套入转向盘，转向盘套的接缝与转向盘割的切口位置要对应。

图7-19　转向盘套套入转向盘

⑦ 在转向盘表面均匀涂抹上一层助黏剂（图7-20）。

图7-20　转向盘表面涂抹助黏剂

⑧ 将转向盘套小心地粘贴到转向盘表面，用剪刀沿着转向盘剪切掉多余的转向盘套真皮材料（图7-21）。

图7-21 切掉多余的真皮材料

⑨ 如图7-22所示，以穿鞋带的方式交叉缝制转向盘套，缝制时尽量靠近辐条位置。

图7-22 交叉缝制转向盘套

⑩ 继续缝制转向盘套，直至将整个转向盘套缝好为止。
⑪ 沿着转向盘用剪刀剪掉辐条处多余的转向盘套真皮材料。
⑫ 安装好转向盘上的音量控制按键及其他附件。

chapter eight

| 第八章 |

# 车身电气的安装

# 安装倒车雷达

## 理论知识

### 1. 倒车雷达的作用

倒车时,倒车雷达利用超声波原理,由安装在前后保险杠上的雷达传感器(俗称探头)发送超声波,撞击障碍物后反射此声波,计算出车体与障碍物间的实际距离,然后提示给驾驶人,使停车或倒车更容易、更安全。

### 2. 倒车雷达的安装

**1 黏附式安装**

1)安装位置　报警器一般安装在尾灯附近或后备厢门边。雷达传感器安装的最佳宽度为 0.66～0.8m,安装的最佳离地高度为 0.55～0.7m。

注意:黏附式倒车雷达是不需要在车体上开孔的,只要将报警器粘贴在适当的位置即可。

2)安装方法

① 将附带橡胶圈套在雷达传感器上,引线向下并与地面垂直,雷达传感器一般不安装在汽车最尾部,以免撞坏。

② 确定雷达传感器安装位置,侧视 90°应无障碍物,否则会影响探测结果,产生误报警。

③ 雷达传感器必须选择垂直方向贴合,向上或向下均会影响使用。

④ 用电吹风将双面贴加热,然后撕去面纸,贴到确定部位,48h 后便可达到最佳贴合效果。

⑤ 报警器的闪光指示灯应安装在仪表台易被驾驶人视线捕捉的位置。

⑥ 倒车雷达主机安装在安全、不热、不潮湿和不溅水的位置,通常将其安装在后备厢侧面。

⑦ 蜂鸣器一般安装在后挡风玻璃前的平台上。

⑧ 传感器屏蔽线应防止压扁或刺穿，且要隐蔽铺设。

**2 开孔式安装**

1）**安装位置** 开孔式倒车雷达适用于具有开孔式雷达传感器的报警器。雷达传感器一般安装在汽车尾部或保险杠上，其他部件的安装方式与黏附式安装相同。

2）**安装方法**

① 在车尾或保险杠上开孔。

② 将胶套安装在已打好的孔内。

③ 将已接好的探头从基材背面安装在探头胶套上。

④ 将探头喷涂成与车身或保险杠相配的颜色。

### 3. 倒车雷达的选购注意事项

**1 质量方面** 选购时查看倒车雷质量是否过硬，优质产品提供的服务及保修。

**2 功能方面** 从功能方面区分，倒车雷达可分为安全距离显示、声音提示报警、方位指示、语音提示、探头自动检测等，一个功能齐全的倒车雷达应具备以上这些功能。

**3 性能方面** 性能主要从探测范围、准确性、显示稳定性和捕捉目标速度来考证。倒车雷达性能方面的要求是：测得准、测得稳、范围宽和捕捉速度快。

**4 外观工艺方面** 作为汽车的内外装饰件，显示器和雷达传感器安装后应与汽车颜色相协调，差异不可过大，以免影响美观。

◆ **操作技巧** ◆

**1 选择倒车雷达** 首先准备好一套汽车雷达装置，包括前雷达和倒车雷达，如图8-1所示。

**2 定位倒车雷达安装位置** 定位好雷达传感器的安装位置，然后选择合适的钻头进行钻孔，如图8-2所示。前、后保险杠的雷达传感器的安装位置采用同样的方法进行钻孔。

图8-1 汽车雷达装置　　　　图8-2 钻雷达传感器的安装孔

3　穿入前雷达传感器的线束　用电工胶布将铁丝的一端与前雷达传感器的线束端包扎在一起,然后将铁丝穿入安装孔内,一直拉动前雷达传感器的线束,使其完全穿入安装孔内(图8-3)。

4　安装倒车雷达传感器　将前雷达传感器的标注箭头朝上,然后用2个手指将前雷达传感器压入安装孔内(图8-4),最后将前雷达传感器的线束沿车门槛的内饰板布置到汽车雷达主机安装的位置(后备厢左侧)。其他雷达传感器的安装方法与其相似,包括后雷达传感器。

图8-3 穿入前雷达传感器的线束　　　　图8-4 安装倒车雷达传感器

5　安装倒车雷达显示器　将双面胶粘贴在汽车雷达显示器的底部,然后将其粘贴在仪表台左侧位置(图8-5)。最后将汽车雷达显示器的线束沿车门槛的内饰板布置到汽车雷达主机安装的位置(后备厢左侧)。

6　接电源线及搭铁线　一名技师在车内换倒挡,另一名技师在后备厢后面查找汽车雷达主机的倒车灯的电源和搭铁线,然后将倒车电源和搭铁线延长线接好;同样一名技师在车内踩制动踏板,另一名技师在后备厢后面查找汽车雷达主机的制动灯的电源线,然后将制动电源线延长线接好(图8-6)。

图8-5 安装倒车雷达显示器

图8-6 接电源线及搭铁线

7 **安装汽车雷达传感器及汽车雷达主机接线** 将线束进行隐蔽布置,然后按照安装说明书连接好雷达传感器及汽车雷达主机的接线(图8-7),最后将汽车雷达主机粘牢在后备厢左侧位置并装复其他内饰板。测试前、后雷达的工作性能,如有异常则应检查线路是否安装正确。

图8-7 安装汽车雷达传感器及汽车雷达主机接线

# 安装氙气灯

## 理论知识

### 1. 定义

氙气大灯也称为HID气体放电式头灯，它是用包裹在石英管内的高压氙气替代传统的钨丝，提供更高色温、更聚集的照明。

### 2. 组成

氙气大灯由安定器、灯泡、线材等组成，安定器可将12V直流变为高压触发电，安定器使氙灯亮度不变，输出功率稳定。

### 3. 安装注意事项

① HID灯组件的安装应由专业汽车电工来完成。

② 安装HID灯组件时，注意不要用手接触HID灯泡的石英玻璃管，手上的污迹会使高温工作的HID灯泡留下痕迹，影响灯体寿命。

③ 安定器及灯泡的高压线安装时应注意清洁，不清洁的高压接头会漏电而产生启动困难的故障；且高压线安装后，必须用尼龙扎丝将其固定，避免和周围的金属摩擦。

④ 建议选用HID灯具时，色温不超过6000K，6000K色温以上光线偏蓝而导致眩目，影响对方车辆视线，并且透雾性能差。

⑤ HID灯适合用于近光灯，不宜装在远光灯上，因为HID灯的照度是普通卤素灯的三倍，装在远光灯上，其强光会影响对方车辆的视线，从而造成行车不安全。

### 4. 操作方法

① 应等待车和发动机完全冷却后安装。

② 安装前确认车辆处于空挡（或停车位置）。

③ 确保安装时点火开关闭合。

④ 等待车灯灯泡冷却后再安装，小心被烫伤。
⑤ 小心不要摔打和划伤灯泡，不要用手指触摸灯泡，否则会造成污点。
⑥ 确保插接器及导线的连接正确，错误的连接会导致照明系统烧坏。
⑦ 在调整灯泡时，不要让灯泡末端接触到大灯总成的内遮光罩。
⑧ 在大灯的树脂或橡胶后盖上钻25mm的孔。
⑨ 连接灯泡和高压启动器时，不要接反正负极。
⑩ 连接安定器和电源时，不要接反正负极。

### ◆ 操作技巧 ◆

① 首先准备好新的氙气灯套装（图8-8）。

图8-8　氙气灯套装

② 打开前照灯开关，使用试灯寻找前照灯的电源线（如改装近光灯，则寻找近光灯的电源线），如图8-9所示。

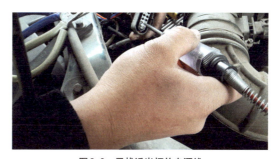

图8-9　寻找近光灯的电源线

③ 用引线将近光灯的电源线束引接出来（图8-10）。在接线过程中，如果位置不够则应拆开前照灯附近的部件，改装好氙气灯后重新装复。

图8-10　接近光灯的电源线束

④ 用电钻在前照灯密封盖上钻一个穿线孔（图8-11）。

图8-11　在前照灯密封盖上钻一个穿线孔

⑤ 将氙气灯的线束穿过前照灯密封盖的穿线孔，然后将其密封牢固。将氙气灯灯泡固定在灯座内，然后将灯泡的夹具固定好，最后盖好前照灯密封盖（图8-12）。

图8-12　安装氙气灯灯泡

⑥ 将氙气灯的安定器的插接器与氙气灯灯泡插头及近光灯的电源线束连接好（图8-13）。

图8-13　连接插接器

⑦ 在安定器背面安装固定铁片（图8-14）。

图8-14　在安定器背面装上固定铁片

⑧ 如图8-15所示,将安定器安装在大灯总成附近且搭铁良好的位置。

图8-15　固定安定器

⑨ 打开前照灯的近光灯,检查氙气灯的工作情况,确保氙气灯正常工作(图8-16)。

图8-16　氙气灯正常工作

⑩ 对改装后的前照灯的光束进行调整(图8-17),具体方法如下。

图8-17　调整灯光光束

a.在平坦地面上停好汽车,并使汽车处于无负荷状态。

b.把汽车调整至距离墙面10m左右,然后在前照灯调整屏幕上画出垂直(垂直线穿过前照灯中心)和水平线(水平线穿过前照灯中心)。

c.启动发动机并对蓄电池进行充电,然后打开前照灯灯光,最后使用垂直和水平调整螺钉分别将近光及远光光束调整至合格位置。

# 汽车功放的加装

### 理论知识

汽车功放可分为单声道功放、两声道功放、四声道功放、六声道功放等。输出功率一般可为50W、75W、100W、150W、300W…1000W或者更高的功率。不同汽车功放的接线端口有所差异，以丹麦雷道汽车功放LC504为例，它的接线端口如图8-18所示。

图8-18 汽车功放LC504接线端口

## 第八章 车身
### 电气的安装

◆ **操作技巧** ◆

① 拆卸空调控制面板。

② 拔开线束插接器,然后取下空调控制面板。

③ 拧下音响CD机的紧固螺钉。

④ 拔下音响CD机上的插接器,然后取下音响CD机(图8-19)。

图8-19 拆卸音响CD机

⑤ 将汽车功放放置在左前座椅下方,然后将汽车功放的音频输出线束布置到中控台内(图8-20)。

图8-20 布置功放的音频输出线束

⑥ 根据汽车功放接线图,然后对分频器进行接线安装(图8-21)。

⑦ 对安装好后的分频器及其线束进行隐藏布置。

图8-21 分频器接线安装

⑧ 从左前座椅下方引一条汽车功放电源线到发动机舱内的蓄电池处(图8-22)。

⑨ 将汽车功放电源线隐藏在门槛饰板内。

⑩ 用试灯寻找音响CD机的汽车功放控制线(也可通过点火开关处接一条ACC线)。

图8-22 布置汽车功放电源线

⑪ 从左前座椅下方引一条功放控制线至仪表台。

⑫ 如图8-23所示，连接好汽车功放控制线到音响CD机插接器线束上，然后包扎牢固。

图8-23 接好汽车功放控制线

⑬ 安装音频转换器（高转低）插接器（图8-24）。

图8-24 安装音频转换器

⑭ 接上音频转换器并布置好音频输入线束。

⑮ 如图8-25所示，将汽车功放电源线到汽车功放的+B，然后安装控制线及搭铁线，搭铁线的另一端接到座椅底部搭铁位置。

图8-25 安装汽车功放电源线

⑯ 根据功放接线图，然后安装音频输出线至汽车功放的每个接点（接扬声器）（图8-26），最后将音频输出线用胶布缠起来，起到避免信号干扰的作用。

图8-26 安装音频输出线束

⑰ 如图8-27所示，插上汽车功放的音频输入信号线。

图8-27　插上功放的音频输入信号线

⑱ 如图8-28所示，在电源线接上熔丝线，保证电路使用安全。

图8-28　在电源线接上熔丝线

⑲ 如图8-29所示，将电源线接到蓄电池正极端子上。

图8-29　电源线接到蓄电池正极端子

⑳ 安装音响CD机（图8-30）。

㉑ 插好空调控制面板的插接器，然后将其放置在上面。

㉒ 启动音响CD机，然后对汽车功放进行调音，确保音质正常。

㉓ 将空调面板及其他部件按照相反的顺序安装到位，汽车功放的加装作业完成。

图8-30　安装音响CD机

## 项目三十四 安装行车记录仪

### 理论知识

行车记录仪即记录车辆行驶途中的影像及声音等相关资讯的仪器，如图8-31所示。安装行车记录仪后，能够记录汽车行驶全过程的视频图像和声音，为驾驶人提供行车证据。

图8-31 行车记录仪

### 操作技巧

安装行车记录仪之前首先要仔细阅读使用说明，然后按步骤进行安装。

1 选择行车记录仪　选择与安装车辆相匹配的行车记录仪。

2 对照线路图接线　拆下仪表台下方装饰板，按照安装电路图找到行车记录仪的主电源线及其他安装线路，然后将其连接上（图8-32）。

第八章 车身
电气的安装

图8-32 安装行车记录仪电源线和搭铁线

**3** 固定行车记录仪　把行车记录仪夹在后视镜上面（图8-33）。

图8-33 固定行车记录仪

**4** 布置线束　将行车记录仪线束顺着顶棚布置，将车门胶条塞进接缝处，如图8-34所示。安装完成后，检查行车记录仪工作情况。如有异常，则对照安装线路图重新安装，直到它能正常工作为止。

图8-34 布置线束

163

# 安装高音喇叭

## 理论知识

安装高音喇叭的主要技能就是分频器和喇叭线的接线方法，具体如下。

1. **分频器接线柱** 分频器有6个接线柱，从左到右分别标有"AMP+-""TWEETER+-""WOOFER+-"。它们分别表示输入线正极接线端、输入线负极接线端，高音喇叭正级接线端、高音喇叭负极接线端，中低音喇叭正线接线端、中低音喇叭负极接线端，如图8-35所示。

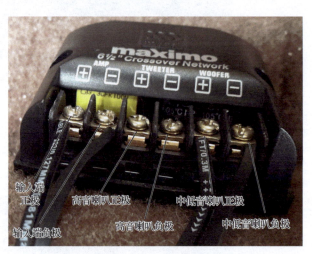

图8-35 分频器接线柱

① "AMP+-"表示音频信号的输入端，主机（或功放）输出端应接到此两个端子。"+"正极和"-"负极要与主机（或功放）的输出端相对应，一定不要接错。如果正负极接反，会出现左门的声音与右门的声音反相的情况，使低音减弱甚至完全抵消。

② "TWEETER+-"是高音喇叭的接线柱,高音喇叭的正、负极要与分频器上面标示相对应,切勿接错。

③ "WOOFER+-"是中低音喇叭的接线端。中低音喇叭的正、负极应与分频器上面标示的相对应,切勿接错。

**2** 喇叭线正负极判断技巧 当剪下原车喇叭线束时,插头插在原车的喇叭上面,然后用原车喇叭其中的一条线接一节1.5V的干电池的负极,另一条线快速地碰触干电池的正极,观察喇叭振膜的运动方向,如果是向前方运动,则说明现在接干电池负极的线就是喇叭的负极线,另外一条线就是喇叭的正极线;如果喇叭的喇叭振膜是向后运动,则说明现在接在干电池负极的线是喇叭正极线,另外一条线就是喇叭的负极线。

### ◆ 操作技巧 ◆

① 首先拆下左后门内饰板,然后用剪刀将原车喇叭的中间线束剪开,如图8-36所示。

图8-36 将原车喇叭的中间线束剪开

② 将原车的喇叭上面的两根电线剥除电线皮层,如图8-37所示。

图8-37 剥除电线皮层

③ 如图8-38所示，原车的喇叭上的两根电线接上一组中低音喇叭信号延长线，然后用胶布包扎好。

图8-38　增加中低音喇叭信号延长线

④ 如图8-39所示，原车的喇叭上的两根音频信号的输入线接上另一组信号延长线，然后用胶布包扎好。

图8-39　增加音频信号输入延长线

⑤ 分清信号输入延长线的正负极，然后将它们分别接到分频器的信号输入接线端上，如图8-40所示。

图8-40　输入信号线接到分频器输入接线端

⑥ 原车的中低音喇叭信号延长线接到分频器的中低音喇叭的接线端上，如图8-41所示。

图8-41　接中低音喇叭的信号线

⑦ 首先在左后车门内饰板上开一个孔,然后将高音喇叭固定在车门内饰板上,最后将高音喇叭信号线接到分频器的高音喇叭的接线端上,如图8-42所示。

图8-42　接高音喇叭信号线

⑧ 将分频器用胶在车门内饰板的后面粘牢,如图8-43所示。

图8-43　固定分频器

⑨ 如图8-44所示,安装左后车门内饰板,高音喇叭加装完成。

图8-44　安装左后车门内饰板

⑩ 其他3个车门的高音喇叭安装方法和左后车门的高音喇叭安装方法相同,4个车门的高音喇叭安装后的效果,如图8-45所示。

(a) 左后车门的高音喇叭

图8-45

(b)右后车门的高音喇叭

(c)左前车门的高音喇叭

(d)右前车门的高音喇叭

图8-45　4个车门的高音喇叭安装后的效果

# 参考文献

[1] 钱岳明. 汽车装潢与美容技术[M]. 北京：人民交通出版社，2008.

[2] 向志渊，等. 汽车美容装饰[M]. 北京：国防工业出版社，2011.

[3] 吴兴敏，等. 汽车车身修复与美容[M]. 北京：机械工业出版社，2011.

[4] 王之政，张建兴. 汽车美容[M]. 北京：人民交通出版社，2011.

[5] 夏怀成，等. 汽车养护与美容[M]. 北京：机械工业出版社，2011.

[6] 陈安全，等. 汽车美容实用教程[M]. 北京：机械工业出版社，2012.